# ESSAI
# SUR L'ORIGINE
DES
# ARTS MÉCANIQUES ET LIBÉRAUX;

*AVEC DES NOTES HISTORIQUES*

## SUR LES GRANDS HOMMES

QUI LES ONT CULTIVÉS ET PROTÉGÉS.

EN DEUX PARTIES

*PAR DEMAN ES ET RÉPONSES,*

A L'USAGE DE LA JEUNESSE.

*PAR*

G. AC . . . .

AVOCAT AU CONSEIL SOUV. D'ALSACE.

---

*Naturam pulchra poſſumus arte ſequi.*

---

*A STRASBOURG,*

CHEZ AMAND KŒNIG, LIBRAIRE.

AVEC PERMISSION.

1785.

# TABLE DES CHAPITRES

## *CONTENUS DANS LA PREM. PARTIE.*

---

## CORRECTIONS NÉCESSAIRES
## *EN CET ESSAI.*

*page 6. ligne* 17. de nos chambres, *lisez* de leurs chambres. *page* id. *ligne* 9. *lisez* deux ſiecles & demi.

*p.* 9. *lig.* 4. *liſ.* leſſive.

*p.* 12. *lig.* 10. leur nouvelles *liſ.* leurs nouvelles.

*p.* 16. *lig.* 8. les plus ſauvages, *liſ.* les fruits ſauvages.

*p.* 27. *lig.* 1. *liſ.* HIPPOCRATE. *p.* id. *lig.* 23. après de la Chine *liſ.* le cinnabre factice.

*p.* 29. *lig.* dern. *liſ.* la Saone.

*p.* 36. *lig.* 7. *liſ.* aîles.

*p.* 38. *lig.* 22. *liſ.* BELUS.

*p.* 44. *lig.* 1. car, *liſ.* dont.

*p.* 45. *lig.* 13. *liſ.* le dejeûné.

*p.* 62. *lig.* 21. *liſ.* chaleur.

*p.* 67. *lig.* 1. le poëte SHÁKESPÉAR *liſ.* SHAKESPÉAR.

*p.* 78. *lig.* 11 & 12. *liſ.* la poéſie.

*p.* 79. *note* (63) *liſ.* APELLES.

*p.* 88. *lig.* 27. *liſ.* DE MURIS.

*Dans les notes hiſtoriques.*

*p.* 93. *lig.* 12. aux premières charges de l'empire, *liſ.* par degrés à l'empire.

*p.* 100. *lig.* 20. *liſ.* Alexandrie.

*p.* 107. *lig.* 14. *liſ.* ESCHYLE.

*p.* 110. *lig.* 11. *liſ.* TORQUATO.

*p.* 112. *lig.* 25. *liſ.* de Ricovrati.

*p.* 115. *lig.* 5. *liſ.* tirez.

*p.* 116. *lig.* 6 & 7. *liſ.* Corregio.

## DISCOURS PRÉLIMINAIRE.

QUOIQUE toutes nos Bibliotheques parlent des Arts mécaniques & libéraux, de leur origine & de leur perfection, j'espère que le public accueillera un travail, qui ne tend qu'à l'agrément & à l'instruction de la jeunesse de l'un & l'autre sexe.

Ce plan embrasse, dans un ordre méthodique, toutes les connoissances nécessaires au genre de lecteurs qu'on veut intéresser ; il rassemble sous le même point de vue toutes ces notions éparses ; c'est une tige enfin, qui réunit en elle seule toutes les fleurs d'un parterre, pour éviter des recherches, qui suivent de près l'ennui & peu à peu l'ignorance. Heureux, ſi leurs odeurs douces & ſimples engagent ſucceſſivement ce bel âge à les cueillir dans ſon printems ; & plus heureux encore, ſi Meſſieurs les habitans du canton de la Satyre, ne levent aucun impôt ſur ce nouveau-né !

# PREMIERE PARTIE.

## DES ARTS MÉCANIQUES.

*Le mot d'Art étant considéré comme une invention qui procure quelque avantage à la Société, nous devons non seulement mettre au nombre des Arts ceux que l'on nomme* MÉCANIQUES & LIBÉRAUX, *mais encore toute science qui ne s'arrête pas à la spéculation, & qui dirige dans quelque fonction utile au bien public. Les Arts mécaniques sont ceux qui contribuent au besoin de la Société, & les Arts libéraux au contraire ne travaillent que pour l'agrément & pour le plaisir, quoique souvent ils empruntent le secours de la main : c'est des uns & des autres que j'entreprends de donner l'histoire.*

D. COMBIEN y a-t-il d'Arts mécaniques?

*R.* Autant que l'homme, à peu près, a de besoins, tant réels qu'imaginaires : ce qui va presque à l'infini. Quoiqu'il y ait peu de ces arts, même parmi ceux qui sont regardés comme les plus vils, qui n'ayent de quoi piquer la curiosité, & rendre l'esprit philosophique attentif ; je me contenterai cependant d'indiquer l'origine de tous les arts, & les progrès de ceux dont l'invention fait plus d'honneur à l'esprit humain ; tel est l'Art d'ourdir.

---

## CHAPITRE PREMIER.

### *DE L'ART D'OURDIR.*

*D.* QUELLE est la première cause de l'Art d'ourdir, & de tous les Arts en général?

*R.* Le péché, qui fit naître tous les besoins qui tourmentent l'homme, & en particulier celui de se vêtir.

ADAM n'eut pas plutôt violé le précepte du Seigneur, qu'il eut honte de sa nudité, & que pour se couvrir, il eut recours à des feuilles d'arbres, les premières choses qui se trouvèrent sous sa main ; mais bientôt les rigueurs de la faifon l'obligèrent de recourir à un vêtement plus chaud & plus commode, & il fe fervit de celui que la nature lui offrit; il dépouilla les animaux & fe revêtit de leurs dépouilles. Tel eft encore aujourd'hui l'habillement de ceux qui vivent au milieu des glaces du Nord.

*D.* L'homme ne trouva-t-il rien de mieux dans la fuite pour fe couvrir, que les peaux d'animaux ?

*R.* NOÉMA (*a*), par une induftrie qui a été portée jufqu'à faire d'une marque d'ignominie, un ornement propre à nourrir la vanité & l'orgueil, inventa l'art de filer la laine, le lin, la foie, l'argent, l'or, comme l'écorce d'arbres, & d'en faire une étoffe plus légère & moins chaude que celle qui avoit été portée jufqu'alors. Je crois néanmoins que l'araignée a eu beaucoup de part à cette invention, & que fa toile nous a fervi de modele.

*D.* Qu'ajouta-t-on dans la fuite à l'Art d'ourdir ?

*R.* Comme les premières étoffes étoient un tiffu fort groffier, on fe fervit de l'aiguille pour en former les vuides, & ce fut la première fource de la Broderie.

*D.* Quel peuple inventa la Broderie?

*R.* Les *Phéniciens* (*b*) : ce furent eux au moins qui mirent du deſſein dans la Broderie, & qui changèrent en beauté les défauts de l'Art.

*D.* Quel uſage fit-on dans le principe, des tapiſſeries & des étoffes brodées?

*R.* On en fit des habits, & il n'y a gueres plus de deux ſiecles, que nos pères portoient ſur leurs épaules de longs pans de tapiſſerie d'une peſanteur extrême, où étoient brodés en différens endroits les armes de leur maiſon; on ſentit de bonne heure la gêne & le luxe d'une telle aumuſſe, & on a fait ſervir ces riches étoffes à des tapis de pied, comme en Perſe & en Turquie, (quoiqu'on vît réparer les murailles de nos chambres comme en Europe.)

*D.* Quel accroiſſement reçut dans la ſuite l'Art d'ourdir?

*R.* On ne s'eſt pas contenté de filer la laine, on a encore trouvé l'art de filer le lin, la ſoie, l'or, l'argent, & même l'écorce d'arbres, & d'en faire, ſans le ſecours de l'aiguille, mais ſeulement en multipliant les trames, des dentelles & des étoffes précieuſes.

*D.* L'ufage du lin (*) eft-il fort ancien ?

*R.* Ce n'eft guères que depuis l'ère chrétienne, que l'ufage s'en eft répandu par-tout : avant ce temps, les bains & les parfums étoient fort en ufage ; mais depuis qu'on fe fert du lin, fans toutes ces précautions, les corps font beaucoup plus fains & plus propres.

*D.* Quand a-t-on trouvé la foie ?

*R.* La foie, quoique beaucoup plus précieufe que le lin, eft cependant d'un plus ancien ufage, furtout dans les pays orientaux ; auffi eft-elle d'une invention plus aifée : on la trouve prefque toute préparée dans le ver qui la produit, & cependant elle fe vendoit encore au poids de l'or du temps de TIBÈRE (*c*) ; ce ne fut que fous l'empereur JUSTINIEN, qu'on établit à Conftantinople des manufactures de foie, après que deux moines venus des Indes, en eurent apporté des œufs & des vers à foie, avec la manière de les élever.

*D.* Qui fit connoître la foie dans ces pays-ci ?

---

(*) Les anciens avoient encore deux efpéces de lin, favoir un lin incombuftible, & un autre lin excellent, qui croiffoit en Efpagne ; ils le nommoient en latin *Carbafus*.

*R.* ROGER (*d*) Roi de Sicile, au retour de ſon expédition de la Terre-Sainte, établit des manufactures de ſoie à Palerme; LOUIS XI (*e*) dans le quatorzième ſiècle, fit venir de Florence des ouvriers en ſoie, qui s'établirent d'abord à Tours; HENRI II (*f*) fit planter des meuriers dans la Provence: HENRI IV (*g*) fit rétablir ces manufactures que les guerres de Religion avoient fait tomber; il en établit de nouvelles à Abbeville, à Sedan & à Rheims, où ſe font aujourd'hui ces étoffes ſi propres & ſi recherchées.

*D.* Où ſe fabriquent les plus belles étoffes d'or & de ſoie?

*R.* A Lyon & aux Gobelins, ainſi nommés du nom de leur fondateur, qui vivoit du temps de FRANÇOIS premier (*h*); c'eſt dans cette célebre manufacture (l'objet de la curioſité de tous les étrangers) que l'aiguille exécute auſſi parfaitement que le pinceau, les plus beaux deſſeins de la peinture; c'eſt au célebre LEBRUN (*i*), que nous ſommes redevables de cette perfection, & ce fut ſous les yeux de ce grand maître que ſe formèrent les habiles artiſans qui travaillent ces précieux ouvrages.

*D.* D'où nous viennent les étoffes d'écorce, & comment ſe font-elles?

*R.* Elles nous viennent d'Orient, & se font de la seconde écorce qu'on nomme *Abasagnès* (**); cette écorce étant bouillie & réduite en flamande dans une forte lescive, on lie ces fils qu'on tord au fuseau, puis on en fait la toile.

*D.* Quand se font établies en France les manufactures de dentelles?

*R.* Ce fut sous le regne de LOUIS (*I*) LE GRAND, par les soins du grand COLBERT (*k*), qui, en établissant celles du Puy, d'Aurillac & d'Alençon, délivra la France d'un impôt considérable qu'il falloit payer aux nations voisines: les conquêtes de LOUIS XV (*l*) nous mettent aujourd'hui en état d'imposer aux autres peuples le même tribut qu'ils exigeoient de nous autrefois.

*D.* De qui nous vient le secret de teindre en écarlate?

*R.* L'Art de teindre en écarlate est fort ancien. Les Phéniciens furent ceux qui y réussirent le mieux; ils employoient à cette teinture le sang d'un petit poisson qu'on nomme *Murene;* par la suite on se servit de la cochenille, qui est d'un usage beaucoup

(**) *Abaca.* Voyez le Dictionnaire de Commerce, & l'Encyclopédique.

plus commode, parce qu'elle teint également toutes ſortes d'étoffes : ce n'eſt cependant que dans ces derniers temps, & à la faveur des découvertes chymiques, qu'on a perfectionné la manière de teindre en écarlate. C'eſt à Leyden qu'on ſe ſervit pour la première fois de cette nouvelle manière de teindre.

*D.* Quelles ont été les différentes manières de s'habiller & de couper les étoffes?

*R.* Dabord on s'enveloppa la tête & les épaules d'une étoffe qui deſcendoit juſqu'aux pieds, (cet uſage dure encore dans les pays orientaux, & dura longtemps dans les pays ſeptentrionaux); mais les longues guerres qui affligèrent la France & les pays circonvoiſins, pendant pluſieurs ſiecles de ſuite, firent qu'on perdit l'uſage des habits longs; on ne ſe défit cependant que longtemps après des capuchons, & c'eſt ſous FRANÇOIS premier qu'on commença à porter des bonnets & des habits plus courts.

# CHAPITRE DEUXIEME.

## *DE L'ART DE BATIR ET DE FORTIFIER LES PLACES.*

*D.* Quel fut le premier foin qui occupa les hommes, après qu'ils eurent pourvu à leur habillement?

*R.* Ce fut celui de fe loger. D'abord ils creufèrent des antres dans le roc, où avec des branches d'arbres ils fe bâtirent des huttes: telles furent les premières habitations des hommes, lorfqu'ils erroient encore fur la terre, & qu'ils changeoient chaque jour de demeure pour aller chercher de nouveaux pâturages. Mais lorfque les douceurs de la fociété les eurent réunis, & qu'ils fongèrent à s'établir des demeures fixes, ils employèrent à la conftruction de leurs nouvelles habitations des matériaux plus folides, comme la brique & la pierre : avec les matériaux non feulement ils élevèrent des murailles, mais encore ils couvrirent les toîts de leurs maifons qui étoient plats d'abord & en forme de terraffe; mais comme ces toîts fe défendoient mal contre la pluye & les neiges, furtout dans les pays feptentrionaux, on les hauffa en pointe, ce qui donna l'idée des étages qui sont seulement en usage en Europe.

*D.* Qu'ajoutèrent les hommes à leurs premiers édifices?

*R.* Comme le gout de la symétrie est naturel à l'homme, ils rangèrent avec proportion les poteaux, les sablières & les fermettes, ce qui donna dans la suite l'idée des architraves & des frontons; mais ils environnèrent surtout leur nouvelles habitations, d'un large fossé & d'une forte muraille percée de creneaux, & renforcée de quelques tours épaisses pour donner plus de jeu aux assiégés: c'en étoit assez contre un foible bélier, & contre son ennemi armé de fléches & de frondes.

*D.* Quel changement est-il arrivé dans la manière de fortifier les places depuis l'invention de la poudre?

*R.* On a abaissé les murailles & on les a appuyées contre d'épaisses terrasses; on les a fait avancer en forme de triangle, pour décliner la violence des nouvelles machines de guerre qu'on a inventées; on a multiplié tous les ouvrages & miné tous les environs, pour écarter de plus en plus l'ennemi du corps de la place.

*D.* Quelle est l'époque de ce changement?

*R*. L'époque eſt la cauſe de la nouvelle manière de fortifier les places, & l'invention du canon, qui ſuivit de près celle de la poudre, dont on a fait auteur un chymiſte allemand nommé BERTHOLD SCHWART (*m*) Cordélier, qui vivoit vers le milieu du quatorzième ſiecle; cependant BACON (*n*), Chancelier d'Angleterre, s'étoit vanté longtemps auparavant dans un ouvrage intitulé: *les Secrets de l'Art & de la Nature*, d'avoir trouvé un ſecret capable de renverſer des villes entières, & quoiqu'en termes obſcurs, il donne aſſez à comprendre que c'eſt de la poudre dont il parle.

*D*. Quand fit-on uſage pour la première fois du canon?

*R*. Ce fut à la bataille de Creci (†), où les canons d'ÉDOUARD (*o*), qui n'étoient chargés que de pierres, firent un tel bruit, qu'ils mirent en déroute la cavalerie de PHILIPPE DE VALOIS (*p*). L'uſage de la poudre devint bientôt commun à tous les pays; *Veniſe* & *Vienne* furent les premières villes qui firent bâtir des magaſins à poudre.

*D*. Quand commença-t-on à avoir des fuſils, & quelle fut leur première forme?

---

(†) Village du comté de Ponthieu, en Picardie,

*R.* L'invention du fusil touche à celle du canon; d'abord ce n'étoit qu'un canon en petit, soutenu sur une fourchette, auquel canon on mettoit le feu avec une méche; on retrancha ensuite la fourchette en allégeant toujours le poids du canon, & au lieu de méche, on se servit d'une pierre sulfureuse qui s'enflamme en frappant à la platine qui couvre l'amorce, ce qui se fit par le moyen d'un double ressort.

*D.* Depuis quand a-t-on trouvé le moyen de transporter le canon?

*R.* Comme la perfection n'est pas toujours attachée à l'origine des arts, on ignora longtemps le secret de manier ces grosses pieces de canon : ce ne fut que dans les dernières guerres d'Espagne dont Mr. de NOAILLES (*q*) avoit la conduite, que PIERRE PUGET de Marseille (*r*), inventa les affuts roulants, pour pouvoir transporter le canon plus aisément dans les montagnes de Catalogne.

*D.* L'invention de la bombe est-elle de beaucoup postérieure à celle du canon?

*R.* Le premier qui s'en servit fut le Général MANSFELD (*s*), au siége du fort d'Honek: on croit que ce fut un pyroboliste (***), qui

(***) Homme qui se sert de feu à différents usages.

trouva cette terrible machine en travaillant à un feu d'artifice.

*D.* Qui le premier fit servir la poudre aux mines ?

*R.* PIERRE DE NAVARRE (*t*), Espagnol, est l'auteur de cette invention ; il en fit usage pour la première fois au siége de Naples, dont il fit sauter le château de l'Oeuf, sous FERDINAND (*v*) Roi d'Arragon.

*D.* A ces nouvelles machines, qu'ajouta-t-on dans l'art d'attaquer les places ?

*R.* On y ajouta la manière de les bien employer, comme les batteries & plusieurs autres inventions, dont nous sommes pour la plupart redevables à M. de VAUBAN (*x*), qui n'étoit pas moins habile dans l'attaque que dans la défense des places : les heureux succès des derniers siéges de Flandre, font voir, que nous n'avons pas dégénéré dans cet art depuis la mort de ce grand homme.

# CHAPITRE TROISIEME.

## *DE L'AGRICULTURE.*

*D.* A quoi les hommes s'occupèrent-ils, lorſqu'ils ſe furent prémunis contre les injures de l'air & les inſultes de leurs ennemis?

*R.* Ils s'appliquèrent à l'agriculture, c'eſt-à-dire, qu'ils travaillèrent à apprivoiſer les animaux, & à adoucir parmi les plus ſauvages ceux qui leur parurent les plus ſains & les plus néceſſaires; car l'homme ne fit pas croître de nouvelles plantes, elles furent toutes produites au commencement par le Créateur, & répandues ſur la ſurface de la terre, pour le beſoin de l'homme, à qui il laiſſa le ſoin de les faire valoir.

*D.* Que fit-on pour adoucir les fruits ſauvages?

*R.* On tranſporta toutes les plantes dont on eſpéra tirer quelque utilité, du fond des forêts dans des vergers, & par les ſoins que l'on en prit, & l'abondance des ſucs qu'on leur communiqua en façonnant la terre, on vint à bout de corriger l'âpreté de leur fruit.

*D.* Quel fut le premier fruit de la terre qu'on chercha à faire croître & à multiplier?

*R.* Ce

*R.* Ce fut celui que chaque peuple dans fon pays trouva le plus nourriſſant & le plus agréable ; on s'apperçut bientôt cependant du peu de fubſtance qui fe trouvoit dans la plupart de ces fruits, & du befoin où l'on étoit d'une nourriture plus folide & plus légère : en même temps on trouva l'un & l'autre avantage dans le froment, qui, en peu de temps, devint la nourriture de prefque tous les peuples ; quelques-uns cependant fe font contentés des premiers fruits qui fe trouvèrent dabord chez eux, comme les Chinois, qui ne vivent que de ris, & quelques peuples de l'Inde, qui ne fe nourriſſent que de dattes fauvages.

*D.* Quelle autre plante après le froment emporta le foin le l'homme ?

*R.* NOÉ ayant exprimé le jus d'une vigne fauvage, fentit tout le prix que pouvoit avoir cette liqueur, fi l'on cultivoit avec un foin particulier la plante d'où elle provient ; il le fit, & n'éprouva que trop les heureux fuccès de fon travail : cette plante paſſa bientôt dans les pays chauds, & en fit la plus grande richeſſe.

*D.* Qu'eſt-ce qui contribua le plus au progrès de l'agriculture ?

*R.* Ce furent les divers voyages dans les pays étrangers, qui nous firent connoître les richesses dont nous étions dépourvus, & l'échange que l'on fit de ces biens par le moyen du commerce.

*D.* Ces progrès furent-ils prompts ?

*R.* Il paroît au contraire qu'ils furent fort lents ; c'est ce que nous jugeons par le petit nombre de fruits dont les anciens auteurs font mention, & par la description que fait VIRGILE d'un jardin près de Tarente, où l'on ne voit que des arbres stériles & des herbes fort communes.

*D.* Quels sont les premiers fruits qui nous sont venus en différents temps des pays étrangers ?

*R.* La vigne fut apportée chez les Gaulois par la colonie de Marseille ; la bergamote nous vient de Bergame en Phrigie ; la pêche, l'abricot & le citron ne laissent aucun doute sur leur origine ; on est bien fondé à croire que le citronnier passa de l'Assyrie et de la Médie en Grece, delà en Italie, et dans toutes les provinces méridionales de l'Europe ; l'abricotier ainsi que le pêcher nous viennent aussi du levant ; c'est du royaume de Pont que LUCULLUS (z), tira les premiers cerisiers que les Romains aient pu connoître. Les Croisés, au retour de leur expédition de la Terre-Sainte, apportèrent les prunes de Damas & de Sainte-Catherine.

*D.* Quels sont les animaux domestiques qui nous viennent des pays étrangers?

*R.* Outre une infinité d'oiseaux noirs qui embellissent nos jardins, nous avons la Poule-d'Inde, qui nous fut apportée des Indes par les premiers missionnaires du Levant, avec le Quinquina; mais notre plus grande récolte d'arbres & d'animaux s'est faite dans ces derniers temps par les soins du grand COLBERT; & feu monsieur TOURNEFORT (*aa*), dans le voyage qu'il fit dans l'Orient, par les ordres de LOUIS XIV, en rapporta plus de treize-cent plantes.

*D.* Quel est le beau secret de l'agriculture, & le second moyen d'augmenter le nombre des plantes de la même espece?

*R.* C'est l'art de greffer. On ignore l'origine de cet art, & il paroît que ce n'est qu'à la réflexion & non au hazard, que nous sommes redevables d'une si belle invention : quelques esprits physiciens voyant que la seve couloit de l'arbre, après qu'on en eut retranché une branche, s'avisèrent, peut-être, d'appliquer la même branche dans l'endroit d'où l'on venoit de la couper; cette première tentative leur ayant réussi, ils en inférèrent une d'une autre espece : c'est tout ce qu'il est possible d'en conjecturer.

*D.* Qui a le plus travaillé dans ces derniers temps à perfectionner l'art de greffer?

*R.* Le célebre JEAN DE LA QUINTINIE *(bb)*, Directeur général des jardins fruitiers & potagers de Versailles. Non seulement il corrigea l'ancienne manière de greffer, mais il en inventa même de nouvelles : c'est lui qui apprit à couper le chevelu des arbres, qui mit en usage la taille en talus, en crochet, & le penchement des arbres. Il ne se contenta pas de réformer cette partie de l'art, il étendit ses soins sur toutes les autres avec le même succès; enfin il se rendit maître de la nature, en étudiant le génie des terreins, & en partageant la sève & la chaleur selon le besoin de chaque plante, par le moyen des murs exposés à l'horison. Il a, surtout, aboli les superstitions des lunaisons & de la distinction des jours heureux ou malheureux, qui régnoient depuis si long-temps.

*D.* A quoi songea-t-on après s'être pourvu du nécessaire?

*R.* On songea à dresser des jardins. L'homme est ami des proportions, & dès qu'il a trouvé le néceſſaire & le commode, il viſe auſſitôt au beau & à l'agréable.

*D.* Qu'eſt-ce que l'art du jardinage?

*R.* En général, c'eſt l'art de ranger les plantes avec ordre & ſymétrie, & cela non ſeulement pour que l'œil en ſoit plus agréablement frappé, mais encore afin que la nourriture ſe trouve également partagée.

*D.* Combien cet art renferme-t-il de parties?

*R.* Deux: la première eſt celle de donner une forme régulière au terrein, comme celle de cercle, ovale ou triangulaire, ſelon la diſpoſition du lieu; ou de le diſtribuer par étage en quelques-unes de ces différentes figures, ſi on ne peut le réduire en une ſeule, ni en corriger autrement l'inégalité. La ſeconde eſt, de ranger en pluſieurs claſſes & comme en autant de colonnes partagées, les différentes eſpeces de plantes; enſorte qu'on puiſſe, par de vaſtes allées, s'approcher de chaque place & de chaque plante en particulier, ſans nuire aux unes ou aux autres; obſervant d'approcher ou de reculer de la vue celles qui ſont plus ou moins agréables.

*D.* Quels ſont les plus anciens jardins arrangés dans ce goût-là?

*R.* Ceux de Babylone & de Sémiramis ſont ſameux. C'étoit un carré très-vaſte & très-élevé au milieu d'un pays plat, & ſoutenu par des poutres appuyées les unes ſur les autres. Ce carré s'élevoit des quatre côtés par étages, & chaque étage formoit une terraſſe, ſur laquelle l'on montoit par trois eſcaliers de dix pieds de largeur. L'eau, par le moyen des pompes, y étoit portée juſqu'au plus haut de ces jardins, d'où elle ſe diſtribuoit dans tous les autres par le moyen de ces canaux.

*D.* Ne connoit-on pas de jardin plus digne d'admiration que ceux dont on vient de parler ?

*R.* L'hiſtoire n'en cite aucun qui égale ou approche même de la beauté de ceux qu'on voit en France aujourd'hui, ſurtout de la magnificence des jardins & du parc de Verſailles, ſoit par l'étendue immenſe du terrein qu'ils occupent, l'affluence & les jets d'eaux qui embelliſſent & entretiennent la fraicheur de ces lieux, la richeſſe des marbres & des métaux qui éclatent de toute part, la beauté des ſtatues, ſoit pour la grandeur & l'élégance du deſſein, qui a ſu opérer la diverſité des ſcènes qui s'y préſentent : là un arc de triomphe vous ouvre une ſuperbe entrée ; ici, vous êtes arrêté dans une ſalle de feſtin où tout eſt riant & inspire de la joie ; plus loin , vous êtes agréablement ſurpris de trouver un chaſſeur qui pourſuit un cerf aux bois : on s'imagine entendre le ſon des cors & le cri des chiens ; on ſe trouve tout-à-coup tranſporté dans un déſert, où on n'entend que le bruit non interrompu des eaux qui, tombant en caſcade du haut d'un rocher, augmentent l'agréable horreur de la ſolitude. Au ſortir de là, on rencontre un tapis verd , où danſe une foule de jeunes nymphes à côté d'une troupe de buveurs ; la joie & la legereté ſont peintes dans leurs attitudes & ſur leurs viſages. C'eſt au célebre ANDRÉ LENOTRE ( *cc* ) , que nous ſommes redevables de ces beautés : c'eſt lui, qui, à l'élégance de ces ouvrages , ſavoit mêler un goût de la nature, qui ſe fait connoître par tout où il a mis la main, comme dans le labyrinthe de Verſailles , la ſalle du bal , l'arc de triomphe , la fameuſe terraſſe de S. Germain , qu'on voit toujours avec une nouvelle admiration, les canaux qui embelliſſent le lieu champêtre de Fontainebleau , les jardins de Chantilly , de S. Cloud , de Meudon &c. LOUIS XIV témoin des merveilles de ce génie créateur lui accorda en 1675 des lettres de nobleſſe & la croix de S. Michel.

# CHAPITRE QUATRIEME.

## *DE LA MÉDECINE.*

*D.* QUEL autre art ſuccéda à l'agriculture ?

*R.* Aprés avoir trouvé de quoi ſoutenir la vie chancelante des hommes, il falloit chercher le moyen de rétablir ſa ſanté, ſi elle venoit à s'altérer ; & pour cela, après une longue ſuite d'expériences, on créa l'art de la médecine, qui renferme deux parties, l'une de prévenir les maladies, l'autre de les guérir.

*D.* En quoi conſiſtoit l'art de prévenir les maladies ?

*R.* Cet art ſi connu des anciens & ſi négligé de nos jours, conſiſtoit dans le régime & l'exercice du corps : les anciens mangeoient peu, ils ſe contentoient d'un ſeul repas vers les quatre heures du ſoir ; ils n'avoient pas encore trouvé l'art d'irriter l'appétit, lorſque l'eſtomac ne ſent aucun beſoin. Les ſucs & les autres liqueurs leur étoient inconnus ; ils réſervoient pour les plaies l'eau-de-vie & les autres eaux-fortes ; outre cela, ils s'exerçoient à la courſe, à la lutte, à nager & à monter à cheval. Un des *Guiſes* (*dd*), qui ſe ſont rendus ſi célebres, deſcendoit à cheval, au grand galop, l'eſcalier de la ſainte chapelle de Paris: c'eſt que la néceſſité d'employer toutes leurs forces, leur rendoit auſſi ces exercices néceſſaires.

*D*. N'y avoit-il pas un art particulier pour ſe faire un corps ſain & robuſte ?

*R*. Oui, & c'étoit celui des athletes; ils ne mangeoient rien de tout ce qui pouvoit tant-ſoit-peu aigrir le ſang; ils s'abſtenoient des plaiſirs violents; ils ſe fortifioient les nerfs par des onctions fréquentes, & par des exercices ſagement ménagés. Ils augmentoient leurs forces juſqu'au point de porter un bœuf dans toute la longueur d'un ſtade, (eſpace de cent vingt-cinq pas) ou de faire ſauter d'un coup de poing les dents à un cheval.

*D*. Au défaut de cet art, de quel autre moyen s'eſt-on ſervi, pour conſerver ou au moins réparer la ſanté?

*R*. De la médecine proprement dite; j'entends par médecine non ſeulement la ſcience des maladies & des remedes, mais encore la chirurgie; car ce n'eſt guère que dans l'onzième ſiecle, lorſqu'on étoit plongé dans l'ignorance, qu'on mit une différence entre ces deux arts.

*D.* A qui sommes-nous redevables de la médecine ?

*R.* Au hazard & aux animaux, dont l'instinct plus sûr que la raison humaine, leur apprit sans réflexion les moyens de se purger, de se saigner & d'étancher leurs playes.

*D.* Par qui la médecine fut-elle d'abord exercée ?

*R.* Comme il n'y avoit pas encore dans le commencement de corps de médecine, & que cette science étoit répandue dans le public, chacun étoit non seulement son médecin, mais encore celui des autres ; & un ancien auteur rapporte que dans une ville d'Assyrie, il y avoit au milieu d'une place un hôpital public, ouvert à tout le monde, où chaque habitant alloit prescrire leurs remedes, dont ils avoient auparavant éprouvé la vertu.

*D.* Quand la médecine fut-elle réduite en un corps de science ?

*R.* Ce ne fut qu'après un temps considérable, qu'on parvint à faire de la médecine une science complete, en réunissant les différentes expériences qui s'étoient faites dans plusieurs pays, & en les arrangeant par ordre. La plus ancienne collection qui nous reste de ces expériences eſt celle d'HYPOCRATE, qu'on n'a fait qu'augmenter dans la ſuite des temps.

*D.* Quels ſont les remedes que nous avons reçus des anciens ?

*R.* Outre un grand nombre d'autres, dont nous ignorons les auteurs, nous avons conſervé la thériaque, dont on attribue la compoſition à ANDROMAQUE de Créte, médecin de l'empereur Néron. Il fut le premier qui prit le titre de premier médecin des empereurs.

*D.* A-t-on ajouté quelques remedes à ceux des anciens, & quels ſont-ils?

*R.* On y en a ajouté une infinité, que la chymie & la découverte du nouveau monde nous ont procurés; la pierre-infernale, l'antimoine, ainſi appelé à cauſe de la triſte expérience qu'en firent certains Religieux, auxquels ce minéral donna la mort, faute d'avoir été pris avec les précautions dont on a uſé dans la ſuite. On met au nombre de ces remedes, l'écorce de Quinquina, le caffé des Isles, le thé de la Chine, & toutes les autres épiceries qui nous viennent des îles Moluques par les Hollandois, & dont l'uſage modéré peut tenir lieu de remede.

*D.* Qui donna lieu de découvrir la vertu du caffé?

*R.* Un berger ayant conduit ſon troupeau ſur une montagne où croiſſoit le caffé, fut fort ſurpris de voir les brebis ne ceſſer de ſauter & de bondir le jour & la nuit ſuivante; s'appercevant cependant qu'il ne s'en étoit ſuivi aucun fâcheux accident, il ramena au même endroit ſon troupeau, qui de nouveau ſe mit à ſauter & à danſer. Un ſolitaire ayant appris la choſe, vint manger lui-même de ces fêves, & il ſe trouva beaucoup mieux diſpoſé à ſoutenir les longues veilles & le travail de l'eſprit. C'eſt cet heureux effet, ſans doute, qui a rendu l'uſage du caffé ſi commun parmi les hommes de lettres & de cabinet.

*D.* Que fait-on du tabac?

*R.* L'uſage du tabac eſt commun & ancien; on le connoit en France depuis l'an 1560. Les Eſpagnols furent les premiers qui en eurent connoiſſance à Tabaco (*), d'où ils lui donnèrent ce nom, & FERDINAND ALVAREZ de Tolède (*ee*) en donna la nouveauté à l'Eſpagne & à la Hollande. On aſſure qu'un Ambaſſadeur de FRANÇOIS II, auprès de SÉBASTIEN, roi de Portugal, en préſenta au grand Prieur à ſon arrivée à Lisbonne, & à

(*) Isle de l'Amér. Sept. dans la mer du Nord.

Catherine de Medicis en France. Ces meilleurs tabacs font ceux d'Efpagne, d'Hollande, à la Reine, & de l'île S. Vincent ; ceux qui en font ufage, peuvent juger des qualités & des vertus que plufieurs médecins habiles lui ont attribuées.

*D.* Quelle autre importante découverte a-t-on faite dans la médecine en ces derniers temps?

*R.* La plus grande qu'on ait faite, & qui a apporté plus de changement dans cet art, eft celle de la circulation du fang; Michel Servet (*ff*), qui fut brulé vif à Genève, en 1553, à l'âge de quarante-quatre ans, en eut la première idée. Un Anglois en fit une efpece de démonftration ; un microfcope vint au fecours du raifonnement, & à l'aide de cet inftrument, on vit le fang circuler auffi fenfiblement, qu'on voit le Rhin ou la Saonne circuler en plaine.

# CHAPITRE CINQUIEME.

## *DE LA NAVIGATION.*

*D.* A qui ſommes nous redevables de la plus grande partie des terres que nous poſſédons?

*R.* A la navigation; c'eſt par elle que l'ancien & le nouveau monde ſe donnent la main, & ſe prêtent mutuellement du ſecours.

*D.* Qu'étoit-ce que la navigation dans ſes commencemens?

*R.* Pour le ſavoir, il n'y a qu'à ſe rappeller l'état où ſe trouvèrent les Américains, lorſqu'on aborda dans leur Continent; c'étoient de ſimples pêcheurs qui côtoyoient à la nage le rivage, & qui pour ſe ſoulager conduiſoient avec eux un tronc d'arbre creuſé, ſur lequel ils ſe repoſoient de temps à autre; auſſi quand ils virent aborder ſur leur rivage, ces fortereſſes mouvantes, ces vaiſſeaux armés, vomiſſants de toute part & le fer & le feu, & des hommes à cheval courir à toute bride dans la plaine, ils s'imaginèrent que c'étoient des monſtres deſcendus du ciel, auquel ils croyoient que touchoient ces hautes montagnes d'eau qu'ils avoient devant les yeux.

*D*. Comment parvint-on à perfectionner l'art de naviger ?

*R*. Ce n'étoit d'abord qu'une simple rame ; ensuite on la multiplia, & on parvint enfin à doubler les rangs des rameurs. Quelqu'un remarqua l'usage que font les oiseaux de leurs queues pour nager dans les airs, & sur ce modele il construisit un gouvernail ; un autre profitant des lumières de celui qui l'avoit dévancé, donna aux vaisseaux des aîles ou des voiles, qu'un troisième fit jouer dans tous les sens, à peu-près comme les oiseaux font jouer leurs aîles, pour profiter des vents contraires : ainsi petit à petit l'art s'achemina à sa perfection.

*D*. Quels furent les premiers voyages maritimes ?

*R*. Les premiers voyages furent très-courts ; on ne faisoit que doubler le rivage sans perdre la terre de vue : nous ne devons peut-être la découverte de certains pays, & l'entreprise de voyages de plus long cours, qu'à la faveur de quelques tempêtes.

*D*. Qui empéchoit de s'exposer comme aujourd'hui en pleine mer, & aux fureurs de l'Océan ?

*R*. C'étoit le défaut de direction ; car le pilote n'ayant pour se guider que l'étoile polaire, que le jour ou les plus épaiſſes ténebres de la nuit déroboient la plus grande partie du temps à ſa vue, il alloit ſouvent à gauche, lorſqu'il penſoit aller à droite; on riſquoit à chaque inſtant de donner contre des rochers & d'y échouer.

*D*. Par quel moyen eſt-on venu à bout de parer tous ces inconvéniens auxquels étoient expoſés les anciens ?

*R*. Par l'invention de la bouſſole ou de l'aiguille aimantée, dont on fit uſage dans le treizième ſiecle. Nos anciens connoiſſoient l'aimant & la vertu qu'il a d'attirer le fer; mais ils n'avoient pas remarqué la propriété qu'il lui donne, de tourner vers le pôle, (propriété ſi eſſentielle & ſi favorable aux nautonniers.) C'eſt à Flavio Gioja, qu'on doit une découverte ſi précieuſe.

*D*. Qui fit le premier uſage de la bouſſole?

*R*. BARTHELEMI DIAZ, Portugais, avec ce nouveau guide, abandonna l'ancienne route des Indes; il en tenta une nouvelle, en doublant la pointe de l'Afrique, qu'il nomma le cap des tourmentes, & qu'on a nommé depuis le Cap de Bonne-Eſpérance.

*D*. Quels nouveaux avantages la navigation tira-t-elle des longs & fréquents voyages qu'on fit ſur mer ?

*R*. De

*R.* De perfectionner la carte maritime, & de marcher par ce nouveau secours presque aussi sûrement sur mer que sur terre.

*D.* Quel est le chef-d'œuvre de la navigation?

*R.* C'est la découverte du nouveau monde. CHRISTOPHE COLOMB (*gg*) ayant remarqué qu'un vent d'Ouest avoit coutume de souffler avec assez d'égalité pendant plusieurs jours de suite, jugea qu'un tel vent ne pouvoit être occasionné que par des terres ; dans cette persuasion, il part du port d'Estramadure, & au bout de deux mois, arrive dans l'île de Cuba & de S. Catherine, qui touche au continent de l'Amérique. C'est donc à ce grand Amiral & à ce vice-roi du nouveau monde, qu'est dûe la gloire d'avoir doublé pour nous les œuvres de la création.

*D.* Quelles sciences se perfectionnèrent avec la navigation, & quelle nouvelle lumière reçut-on de la perfection de cet art?

*R.* On reconnut d'abord que la terre étoit ronde, puisqu'en s'avançant vers le Sud, on apperçut les étoiles pôlaires s'abbaisser, & les australes s'élever : de plus, on sentit que la pesanteur des corps diminuoit vers l'Equateur & augmentoit vers le Pôle; on jugea de là, que le côté du Nord approchoit plus du centre de la terre, & on préſuma que la terre applatie à ſes extrêmités tournoit ſur ſon centre, depuis la remarque (avec le ſecours du téleſcope) que Mars & Venus tournoient ſur les leurs : il n'y eut preſque plus de doute, lorſqu'on vit qu'un vent d'Orient ne ceſſoit de ſouffler entre les deux Tropiques dans l'un & l'autre hémiſphère : enfin les anciens s'imaginant qu'il étoit impoſſible d'habiter ſur l'Equateur & ſur le Pôle, ne comptoient que ſept climats; mais on fut tout-à-fait détrompé, lorſqu'on vint à paſſer & repaſſer pluſieurs fois ſous la Lune, & lier commerce avec les peuples qui habitent directement ſous le Soleil.

# CHAPITRE SIXIEME.

## DES ARTS MOINS NÉCESSAIRES QU'UTILES.

## *DE L'ART D'ÉCRIRE.*

*APRÈS les arts dont on vient de parler, le plus utile eſt celui d'écrire ; c'eſt par cet art que nous converſons avec les abſents, que nous profitons des lumières de nos prédéceſſeurs, & que ſans ſortir de notre cabinet, nous pouvons par-tout faire connoître nos penſées & nos volontés.*

*D.* QUELS ont été les auteurs de l'art d'écrire ?

*R.* On croit communément que ce furent les Phéniciens, qui ayant dabord remarqué que dans tout le langage, on ne ſe ſervoit que de cinq ſons radicaux, modifiés de vingt-trois ou vingt-quatre façons, inventèrent des caractères propres à exprimer ces différents tons, & à faire paſſer devant les yeux nos penſées dans l'eſprit de ceux qui nous liſent.

*D.* Quel ſigne tenoit lieu d'écriture avant la découverte de cet art ?

*R.* On ſe ſervoit de figures ſymboliques ou hiéroglyphiques, telles qu'on en employe encore dans les deviſes; ainſi pour donner le ſignal de la fuite, aux approches du débordement du Nil, on impoſoit dans toutes les villes d'Egypte la figure d'un chien qui aboye, avec des ailes aux pattes. C'eſt dans ces ſortes de caractères que toutes les loix, par la ſuite des temps, ſe trouvoient écrites dans les places publiques; tel eſt le premier uſage de ces figures bizarres, qui découvrent l'objet du culte public, lorſqu'après avoir perdu la ſignification de ces ſymboles, les poëtes s'aviſèrent d'en chercher l'application dans les comptes qu'ils fabriquèrent de leurs prétendues divinités.

*D.* Sur quoi a-t-on gravé les premiers caractères de l'écriture ?

*R.* On les grava d'abord ſur de grandes feuilles d'un arbre fort commun en Egypte, nommé *Papyrus;* nous n'en avons conſervé que le nom. On écrivoit encore ſur la première écorce des arbres, appellée en latin *Liber*, ce qui donna le nom de Livre ; cette manière ſe conſerve encore dans la Chine. On ſe ſervit enſuite de tablettes fort déliées & puis de cire; l'inſtrument, que l'on employoit pour écrire ſur ces tablettes, ſe nommoit *Style*: ce terme n'a plus la même acception, & signifie aujourd'hui la manière de s'exprimer & de penser. Enfin EUMENE II (*hh*), roi de Pergame, fit transcrire un grand nombre de livres sur du vélin & sur des peaux bien préparées, qu'on nomme encore pour cela *Carta pergamea.* C'est aux Arabes que nous sommes redevables du papier dont nous nous servons maintenant; il se fait avec des chiffons réduits en bouillie, qui, étendus sur des claies, prennent la consistance & la forme que nous lui voyons.

*D.* Y a-t-il longtemps que l'on a inventé l'imprimerie?

*R.* Il est étonnant qu'il n'y ait pas encore trois siecles, cependant il paroit que rien n'étoit plus facile que d'en avoir l'idée, après avoir trouvé l'art de graver; mais la difficulté peut-être de faire des planches, & l'inutilité dont elles étoient après s'en être servi, dégoutèrent totalement les ouvriers. Ce ne fut qu'au commencement du quinzième siecle, qu'un Allemand (*ii*) s'avisa de séparer les caractères, & trouva en même-temps le moyen de les faire servir à toutes sortes d'ouvrages. C'est à Strasbourg qu'on prétend, que se fit le premier essai de cette découverte.

*D.* Qui furent les premiers imprimeurs?

*R.* Les premiers imprimeurs furent tous des savans du premier ordre, comme les ETIENNES (*ii*) & les PLANTIN (*kk*); ils laissèrent ce soin à des mains moins habiles, & se contentèrent de composer pour occuper la presse.

*D.* D'où sont sorties les plus belles impressions?

*R.* Celles des PLANTIN, des ETIENNES, & surtout des ELZEVIRS (*ll*) sont, sans doute, les plus curieuses & les plus vantées jusqu'ici. Les dernières éditions que les imprimeurs de Paris nous ont données des meilleurs auteurs tant anciens que modernes, sont, pour la beauté, la propreté & l'élégance, ce qu'on a vu de mieux jusqu'à présent.

---

## CHAPITRE SEPTIEME.

### *DE LA VERRERIE.*

*D.* QUELLE est l'origine de la verrerie?

*R.* PLINE rapporte dans son *Histoire naturelle*, que des marchands phéniciens s'étant rencontrés sur le bord d'une rivière nommée *Bellus*, près du mont Carmel, s'y arrêtèrent pour y prendre leur repas; mais n'ayant pas trouvé de pierre pour soutenir leur marmite, ils fe fervirent d'un monceau de nître qu'ils portoient avec eux ; ils s'apperçurent que le nître fondu avec de la cendre par l'action du feu, avoit produit la matière du verre.

*D.* L'ufage du verre eft-il fort ancien ?

*R.* Quoique les Égyptiens euffent trouvé l'art de façonner le verre, de le cifeler, & de lui donner diverfes figures, en le foufflant dans des moules, l'ufage en fut fort rare pendant longtemps : à fon défaut, les Orientaux fe fervoient de treilles ou de rideaux. Les Romains fermoient l'ouverture de leurs maifons avec une pierre tranfparente, qu'ils tailloient en lame fort mince, & qu'ils nommoient *Lapis fpecularis ;* ce n'eft que dans le Septentrion, que l'ufage en eft devenu plus commun à caufe du froid.

*D.* A quel autre ufage a-t-on fait fervir le verre ?

*R.* Après l'avoir employé aux vîtres, il fut aifé de le faire fervir aux glaces de miroir & de caroffe. Les premières qu'on vit furent celles de Venife & de S. Gobin, qui vinrent enfuite effacer les autres. Ces glaces ont jufqu'à cent vingt pouces de hauteur, fur quarante ou cinquante de largeur. La manière de les conftruire eft fort fimple. On répand le matière du verre fondu fur une table d'airain, ſur laquelle on l'étend, en faiſant rouler par deſſus un cylindre de bronze ; ou bien on ſouffle cette matière, comme les enfans ſoufflent une boule de ſavon ; on perce cette boule par les deux extrémités, puis on l'étend en la coupant en long.

*D.* Qu'eſt-ce qu'un miroir ardent ?

*R.* C'eſt une eſpece de miroir dont la concavité reflêchit de telle ſorte les rayons du ſoleil, qu'à une certaine diſtance, ils ſe concentrent en un point qu'on nomme *Foyer.* Le plus grand qu'il y ait eſt celui de l'obſervatoire de Paris, qui peſe cent ſoixante livres, & il n'y a point de métal qui réſiſte à ſon foyer.

*D.* Qu'eſt-ce qu'un microſcope ?

*R.* C'eſt un verre convexe, dont l'effet eſt d'augmenter le volume des objets en diſſipant les rayons.

*D.* A qui ſommes-nous redevables des lunettes d'approche ?

*R.* Les lunettes d'approche ſont encore un préſent du hazard. Un certain Flamand, travaillant à faire des verres ardents, eut la curioſité de regarder à travers dans deux de ces verres, & il fut très-ſurpris de voir les objets s'approcher & groſſir prodigieuſement. Il donna connoiſſance de cette découverte à d'autres, qui la perfectionnèrent dans la ſuite, en montant les verres & en les emboîtant. Les grands progrès qu'on a faits dans les ſciences depuis un ſiecle, font dûs à cet inſtrument.

## CHAPITRE HUITIEME.

### *DES OUVRAGES DE TERRE OU DE LA POTERIE.*

*D.* Où doit-on fixer la naiſſance de la poterie ?

*R.* A l'invention du tour, qu'on attribue à THÉODORE DE LAMOS (*mm*); PHIDIAS (*nn*), célebre ſculpteur grec, fit ſervir cette machine aux ouvrages de bois qu'on perfectionna dans la ſuite.

*D.* Quels ſont les plus beaux ouvrages de poterie, dont les anciens parlent?

*R.* Ce ſont ceux que faiſoient les Toſcans, dès le commencement de la république romaine. Les Romains en faiſoient encore tant de cas, du temps d'AUGUSTE, qu'ils les préféroient aux vaſes d'or & d'argent.

*D.* Quand cet art commença-t-il à ſe relever?

*R.* Ce ne fut que vers le milieu du quinzième ſiecle, qu'on ſit alors à Fayence, ville d'Italie, des vaſes plus eſtimés encore par l'élégance que fourniſſoit le célebre MICHEL ANGE (*oo*), le plus grand peintre d'Italie, que par la beauté du coloris : c'eſt de cette ville que la poterie a pris ſon nom.

*D.* Quelle eſt aujourd'hui la plus belle poterie de l'Europe?

*R.* C'eſt celle qui ſe fabrique à Nevers, à Rouen, & à S. Cloud ; l'émail en eſt ſi beau & les deſſeins ſi élégants, qu'elle ne cede guères à celle de la Chine.

*D.* A laquelle donne-t-on la préférence?

*R.* A celle de la Chine ; le vernis paroit fondu avec la matière, la terre en eſt tranſparente & très-legère : la plus recherchée eſt la violette, émaillée d'or.

## CHAPITRE NEUVIEME.

### *DE L'ÉQUITATION.*

*Les Thessaliens, peuples de la Grece, par le grand nombre de chevaux & de taureaux sauvages que la bonté du pâturage attiroit dans leurs pays, furent obligés, pour attaquer avec moins de péril ces dangereux animaux, de les faire combattre les uns contre les autres; à cet effet, ils se hazardèrent à monter un cheval, qu'ils conduisirent contre les taureaux, ce qui leur donna le nom de centaures.*

*D.* Quels sont les inventeurs des caparaçons & des mors?

*R.* On attribue cette invention aux Lapythes, les plus habiles, parmi les Thessaliens, à manier & à monter un cheval.

*D.* Les écoles de manége sont-elles fort anciennes?

*R.* Dans l'ancienne Grece & chez les Perses, il y avoit des maîtres établis pour instruire la jeunesse à l'équitation : c'est-ce que nous apprenons par la manière dont on éleva le jeune CYRUS (*pp*); car l'un des principaux exercices étoit d'apprendre à monter à cheval.

*D.* Quand cet art commença-t-il à reprendre vigueur parmi nous?

*R.* L'Italie, auſſitôt après le rétabliſſement des lettres, ouvrit des écoles de manége, où ſe rendit la jeune nobleſſe des pays circonvoiſins; mais les François ne furent pas longtemps ſans enlever un pareil avantage aux étrangers. Cet art fut établi ſur des regles ſi ſûres & ſi juſtes, qu'on ſe rendit bientôt de toute part en France, pour apprendre à monter un cheval avec grâce.

*D.* Depuis quand les étriers, les ſelles & les brides ſont-ils en uſage?

*R.* L'uſage des étriers & des ſelles date du même temps que l'établiſſement du manége en France. Nous devons la commodité de cette invention aux réflexions des premiers maîtres de ces écoles; ils ſentirent d'abord l'utilité de l'étrier, ce qui donna l'idée de la ſelle, & de tout ce qui compoſe le harnachement du cheval.

# CHAPITRE DIXIEME.

## *DE LA CHASSE ET DE LA PÊCHE.*

*D.* QUELLES sont les armes dont les premiers hommes se servirent pour faire la chasse aux animaux ?

*R.* Ils se servirent de la lance, du javelot, & de la fronde, la poudre & les instruments à feu étant d'un usage plus récent.

*D.* Que faisoient les habitants des îles boréales pour obliger leurs enfants à tirer de la fronde avec adresse ?

*R.* Les mères suspendoient au haut d'un arbre les déjeûnés de leurs enfants, qui restoient à jeun jusqu'à ce qu'ils fussent parvenus à le jeter à bas.

*D.* Quelles sont les différentes manières de chasser & de pêcher?

*R.* Le nombre en est trop grand pour pouvoir les exposer toutes ici ; je ne rapporterai que celles qui sont moins connues & les plus extraordinaires.

*D.* Quelle est la manière de chasser dans les montagnes du Dauphiné ?

*R.* Quand on a remarqué les montagnes, on tâche d'observer sur quelque pointe de rocher, l'aigle qui y a posé ses petits. On est attentif à examiner l'heure à laquelle l'oiseau sort pour aller chercher sa proie; on saisit le moment pour monter au nid de l'aigle, dont on enleve des chevreuils & des lièvres entiers, se contentant d'en donner les entrailles aux aiglons pour les entretenir & ne pas les laisser périr.

*D.* Comment les peuples du Nord attrapent-ils les daims & les lièvres à la course?

*R.* Comme le pays est tout couvert de neiges, ils attachent à leurs pieds des especes de raquettes, au moyen desquelles ils courent sans enfoncer, & atteignent sans peine les lièvres & les chèvres sauvages, que la neige empèche de courir avec la même célérité.

*D.* Quels peuples, parmi les anciens, furent les plus habiles à la chasse & à la pêche?

*R.* Les Gaulois, qui se sont distingués dans cet art comme en bien d'autres. Leur pays étant couvert de vastes forêts, & souvent infesté d'animaux féroces, cela les anima à l'exercice de la chasse; aussi se piquoient-ils d'y exceller. Dans chaque bourgade on avoit consacré à Diane un grand chêne où, chaque chasseur, au retour de la chasse, ne manquoit pas de venir suspendre la tête de quelque bête ſauvage, autant pour montrer ſon habileté, que pour faire honneur à la déeſſe.

*D.* Quelle preuve a-t-on que les François ont eu de tout temps du goût pour la chaſſe?

*R.* C'eſt qu'anciennement, & dès l'époque de la monarchie françoiſe, ils ne s'aſſembloient pas en corps, qu'ils ne terminaſſent leur aſſemblée par une partie de chaſſe; ils ſe diſperſoient dans une vaſte campagne, & renfermoient dans un cercle tous les gibiers: il reſte encore dans certaines villes de France quelques traces de cet ancien uſage.

---

## CHAPITRE ONZIEME ET DERNIER

### DES ARTS MÉCANIQUES.

### *DE LA FONTE DES MÉTAUX.*

*D.* Où ſe trouvent l'or, l'argent, le fer, & les autres métaux ſimples?

*R.* Dans le ſein des montagnes, ſur le bord des rivières, où ils ſont ſemés par grains ou par paillettes.

*D.* Comment s'y prend-on pour purifier l'or & l'argent?

*R*. Dès qu'on a découvert une mine d'or ou d'argent, à la faveur de la mine, on commence par détourner l'eau, si c'est dans une rivière; on enleve la terre qui contient l'or, on l'apporte au lavoir où l'on fait couler une eau vive, jusqu'à ce qu'il ne reste plus qu'un sable noir; on porte ensuite ce sable dans le creuset, où il rend l'or qu'il tenoit caché auparavant.

*D*. Comment a-t-on trouvé le moyen de multiplier le nombre des métaux?

*R*. Il en a produit plusieurs autres beaucoup plus dociles à prendre toute sorte de formes; c'est de ce mêlange que nous vient le laiton, qui n'est qu'un composé de cuivre & de calamine (*). Le cuivre avec le laiton donne le bronze, dont on fait la monnoie; l'étain joint au bronze, fournit une matière propre aux canons & aux cloches; de l'étain & du plomb assortis ensemble, résulte un métal harmonieux & convenable aux orgues.

*D*. Dans quel pays & en quel temps a-t-on commencé à faire usage des cloches?

*R*. Dans

(*) Pierre minérale ou terre bitumineuse, qui donne la teinture jaune au cuivre.

*R.* Dans l'Italie, vers le feptième fiecle, on commença à fe fervir de cet inftrument pour appeller le peuple à la prière. La rareté de l'étain, dont on n'a découvert les mines que fort tard, a été la caufe, fans doute, qu'on fe fervit fi tard des cloches. La creffelle, dont on ne fe fert plus que dans les derniers jours de la femaine fainte, en tint lieu pendant long - temps.

*D.* Comment échangea-t-on l'or & l'argent autrefois?

*R.* On le livra d'abord au poids, enfuite en brochette, puis on l'a marqué au coin du prince.

*D.* Qu'elles ont été jufqu'ici les différentes manières de monnoyer l'or & l'argent?

*R.* Les Romains faifoient leur monnoie avec le marteau, & la marquoient avec une efpece de poinçon; nos ouvriers ont abandonné aux Hollandois cette ancienne manière, & fe fervent de balancier pour preffer le carré où est gravée l'empreinte du prince, qui doit être en relief fur la monnoie.

*D.* Dans quels pays fe trouvent l'or & les autres métaux?

*R.* L'or fe trouve fur les rives du Tage en Efpagne, du Tiber en Thrace, du Gange dans les Indes; l'acier nous vient d'Allemagne;

le cuivre nous eſt apporté de Suede & du Danemarck ; la France fournit de ſer le reſte de l'Europe.

*D.* Qu'elles ſont les différentes manières de dorer ?

*R.* La première & la plus ancienne eſt celle de battre l'or, & de l'appliquer en ſeuille avec du blanc d'œuf. La ſeconde, beaucoup plus récente, eſt celle de battre l'or, & de l'appliquer comme on applique la couleur aux tableaux.

*Fin de la première Partie.*

# SECONDE PARTIE.

---

## *DES*

## ARTS LIBÉRAUX.

# TABLE DES CHAPITRES

## *CONTENUS DANS LA SECONDE PARTIE.*

---

# SECONDE PARTIE.

## DES ARTS LIBÉRAUX.

---

## CHAPITRE PREMIER.

### *DE L'HISTOIRE.*

*D.* QU'EST-CE que l'hiſtoire?

*R.* C'eſt un art par lequel on tranſmet à la poſtérité des faits importants & dignes de remarque.

*D.* Qu'étoit l'hiſtoire dans ſa première origine?

*R.* De ſimples annales où l'on ſe contentoit de marquer, ſelon l'ordre des temps, les principaux événements qui arrivoient dans l'année?

*D.* Qui compoſa le premier un corps d'hiſtoire?

*R.* MOYSE, dont la ſimplicité du ſtyle, jointe à la grandeur des choſes qu'il rapporte, décele à chaque page celui dont il n'étoit que l'interprête.

*D.* Quel peuple a porté l'art d'écrire l'hiſtoire à ſa dernière perfection?

*R.* Les Grecs, dont le génie né pour les beaux arts, ſembloit devoir ſervir de modele à toutes les autres nations?

*D.* Quels ſont les meilleurs hiſtoriens grecs?

*R.* HERODOTE (1), THUCIDIDE (2), XÉNOPHON (3). THUCIDIDE peint avec force; on voit dans ſes ouvrages, plutôt qu'on ne lit, les combats qu'il décrit. XÉNOPHON raconte avec une douceur charmante, & il remplit l'art des plus doux & des plus tendres ſentiments; auſſi les Grecs lui donnèrent les ſurnoms d'*Abeille grecque*, & de *Muſe athénienne*. HERODOTE paroit tenir le milieu entre ces deux hiſtoriens; il n'eſt pas ſi véhément que le premier, ni tout-à-fait ſi gracieux que le ſecond; c'eſt un fleuve majeſtueux qui n'a rien de lent ni d'impétueux, mais qui roule avec pompe ſes eaux pures & tranquilles.

*D.* Qui ſont ceux parmi les Latins qui le diſputent aux Grecs?

*R.* SALLUSTE (4), pour la force, l'énergie & la précision, ne cede à aucun des Grecs dont je viens de parler, pas même à THUCIDIDE; pour TITE-LIVE (5), il n'y a point d'historien qui ait plus que lui cette éloquence douce & insinuante qui persuade tous les cœurs. Il est un de ces auteurs, qui ont immortalisé leurs noms, mais dont la vie & les actions sont peu connues.

*D.* Quels sont les historiens françois qui approchent davantage des anciens?

*R.* PIERRE DAMIEN (6), pour le talent d'éclaircir un fait & de l'exposer dans tout son jour, ne cede à aucun historien; le père d'ORLÉANS (7) joint à une finesse de poésie qu'on ne remarque point chez les anciens, une imagination vive, noble & élevée; l'élégance & la légèreté brillent dans tous les ouvrages de LA VERDURE (8).

*D.* Les autres nations n'ont-elles pas aussi leurs historiens célebres?

*R.* Chaque nation a eu des historiens distingués, qui ont écrit avec succès des guerres ou de quelques autres événements particuliers; mais l'Espagne & la Hollande sont presque les seules nations qui ayent leur histoire générale bien écrite; JEAN MARIANA (9), Jesuite, comparable aux plus fameux historiens de l'antiquité, a écrit celle d'Efpagne ; & HUGUES GROTIUS (10), Hollandois, un des plus grands hommes de fon temps, tant par fa profonde érudition, que par la beauté de fon efprit, a écrit celle de la Hollande.

*D.* Outre l'hiftoire générale des états, des empires, n'y a-t-il pas d'autres ouvrages qui aient rapport à l'hiftoire ?

*R.* Il y a les mémoires & les journaux.

*D.* Quelle différence y a-t-il entre l'hiftoire & les mémoires ?

*R.* C'eft que l'hiftoire ne traite que des événements publics, & que les mémoires admettent encore les actions & les avantures des particuliers, qui ne regardent pas l'état.

*D.* Qui font ceux qui fe font le plus diftingués dans ces genres d'écrire ?

*R.* JULES-CÉSAR (11), parmi les anciens ; PHILIPPE DE COMMINES (12), DE LA ROCHEFOUCAULD (13), le Cardinal de RETZ (14), & une infinité d'autres parmi nos modernes.

*D.* Qu'eft-ce qui fait le caractère de ces ouvrages ?

*R.* Un certain air aifé & naturel, dégagé de l'attirail d'une vaine rhétorique, qui fait fentir l'homme dans fes écrits, & non l'auteur.

*D.* Quel autre avantage ont ces auteurs ſur les autres prédéceſſeurs?

*R.* C'eſt qu'ils ont une connoiſſance profonde du monde & des affaires dont ils traitent, & que leurs ouvrages peuvent former le jugement & le goût.

*D.* Quelle doit être la principale qualité des journaliſtes?

*R.* Le diſcernement & l'exactitude, afin de ne rien dire que de curieux & d'intéreſſant. On trouve l'un & l'autre dans les journaux des miſſionnaires des pays étrangers, & ce qu'on voit dans le recueil de ces lettres édifiantes; à ces avantages ſe joignent les grâces & les agréments du ſtyle dans *les Voyages de Trithème* (15) & *de Choiſi* (16).

*D.* Qu'entend-on par les journaux littéraires?

*R.* C'eſt l'hiſtoire de ce qui s'eſt paſſé dans la république des lettres, avec un abrégé & une critique de tous les livres qui paroiſſent.

*D.* Quel eſt le premier auteur des journaux littéraires?

*R.* DENYS DE SALLO (17), Conſeiller au Parlement de Paris, eſt l'auteur du Journal des Savants; l'érudition, le goût, & le ſel répandus dans les premiers eſſais de ſes ouvrages, firent naître à toutes les nations du monde littéraire, l'envie d'en avoir chez elles de pareils.

*D.* Quels ſont les autres journaux célebres?

*R.* Outre ceux de Londres & de Leipſic, le prince de DOMBES (18) en établit en France de nouveaux, qu'on nomme *les Journaux de Trévoux.* Le mérite du père RENÉ JOSEPH DE TOURNEMINE (19), Jeſuite, qui a travaillé pendant pluſieurs années à cet ouvrage, & dont le talent étoit de penſer auſſi profondément & auſſi ſolidement ſur tous les ſujets, qu'il écrivoit poliment, n'a pas peu contribué à la réputation de cet ouvrage.

*D.* Quelle utilité doit-on retirer de l'hiſtoire?

*R.* Celle de ſe connoître ſoi-même, & les hommes avec leſquels on a à vivre. L'hiſtoire particulière des grands hommes, où l'hiſtorien s'attache à rapporter les paroles & les moindres circonſtances de la vie des héros, eſt très-propre à donner cette connoiſſance.

# CHAPITRE DEUXIEME.

## *DE LA POÉSIE.*

*D.* QUELLE différence y a-t-il entre l'hiſtoire & la poéſie?

*R.* C'eſt que la première ne cherche qu'à inſtruire, & n'employe pour cela qu'un ſtyle ſimple; & que la ſeconde n'ayant pour but que de plaire & de frapper l'imagination, employe dans ce deſſein les ſentiments les plus tendres, & la diction la plus brillante.

*D.* Quelles ſont les reſſources dont la poéſie ſe ſert pour toucher le cœur & frapper l'imagination?

*R.* C'eſt d'animer tous les êtres, même les plus inſenſibles; comme les vents, les fleuves, & de paſſionner tout ce qui eſt capable de ſentir; comme les dieux & les hommes, en les mettant dans des ſituations violentes.

*D.* Sur quoi eſt fondé cet art?

*R.* Sur la facilité qu'a l'homme de ſe paſſionner à la vue des objets tendres & touchants, & ſur le plaiſir qu'il y trouve.

*D.* La poéſie eſt-elle fort ancienne?

*R*. Presque aussi ancienne que l'homme, qui est né avec le talent d'imiter, & de contrefaire l'imitation, qui n'est autre chose que la poésie.

## *De la Poésie lyrique.*

*D*. Quelle est la première poésie régulière qu'on ait mise en usage?

*R*. C'est la poésie lyrique. Les hommes remplis d'admiration & de reconnoissance pour leur Créateur & leurs héros, dans le premier transport de leur joie, mêlèrent au son des instruments, des paroles vives & animées qui exprimoient les sentiments de leurs cœurs; ils faisoient très-souvent parler dans leurs chants l'ennemi, qui un peu auparavant se promettoit la victoire.

*D*. Quels sont les poëtes qui se sont le plus distingués dans ce genre de poésie?

*R*. PINDARE (20), le prince des poëtes lyriques, & HORACE (21), parmi les anciens; MALHERBE (22), & JEAN-BAPTISTE ROUSSEAU (23), parmi les modernes.

*D*. Qu'est-ce qui fait le caractère de PINDARE?

*R*. HORACE nous l'a tracé dans l'ode qu'il a composée à sa louange; il nous le représente comme un torrent impétueux qui, sans garder dans ſa marche de routes certaines, ſe précipite avec fracas dans les plaines; & tantôt comme un aigle qui aime à ſe perdre dans les airs, d'où il échappe à notre vue; enfin comme un poëte incomparable, tandis qu'il ſe regarde, lui, comme une abeille matinale, qui avec beaucoup de peine cueille le thym autour des rivages de Tivoli.

*D.* Quel eſt le caractère d'HORACE?

*R.* Plus tendre & plus grâcieux que PINDARE, dont les idées portent toujours une empreinte de force & de ſublimité; tandis que celles d'HORACE ſont marquées au coin de la nature, & de la nature la plus aimable.

*D.* Quel jugement doit-on porter de MALHERBE?

*R.* Il eſt l'imitateur d'HORACE; il a pris l'heureux tour de ſes phraſes & ſa naiveté; il ſait, comme lui, relever les moindres objets, par l'ingénieux emploi de la ſable & de l'allégorie; il s'écarte avec art de ſon but, il y revient ſans peine; il eſt le premier qui ait mis en uſage les heureuſes ſuſpenſions, qui ont preſque tout le ſublime de l'ode; enfin il a employé dans ſes ouvrages tout ce que l'art a pu lui fournir; il en paroit plus dans ſes poéſies, que de feu & de génie.

*D.* Quelle idée a-t-on de ROUSSEAU?

*R.* ROUSSEAU, le PINDARE & l'ANACRÉON de nos jours, ſuivant M. FRERON, a réuni toutes les qualités qu'on attribue à l'ancien; le feu, l'enthouſiaſme, le pathétique: Avec quelle nobleſſe, & avec quelle grandeur ne fait-il pas parler le Seigneur dans les cantiques! avec quel éclat ne fait-il pas retentir l'Allemagne, lorſque ſon génie en dépeint les troubles & les agitations! quelle force & quels traits contre la fortune & ſes adorateurs! jamais poëte n'a montré un plus riche front, & une plus grande rareté d'idées ſublimes ou riantes.

*D.* N'a-t-on pas d'autres poëtes qui ſe ſoient diſtingués dans le poëme lyrique?

*R.* Monſieur ANTOINE DE LA MOTTE (24), parmi une grande quantité d'Odes qu'il a compoſées, en a fait pluſieurs qui ſont très-belles & très-eſtimées; mais en général, le poëte eſt trop froid & trop compaſſé; on n'a preſque jamais remarqué en lui cette chaleur & ce beau naturel qui caractériſent l'homme d'un vrai génie.

*D.* Les autres nations n'ont-elles point donné de poëtes lyriques?

*R.* Chaque nation ſe vante d'avoir ſon HORACE; il n'en eſt point qui approche des grands maîtres dont nous venons de parler.

*D*. D'où eſt née la tragédie?

*R*. De la poéſie lyrique. L'hiſtoire en eſt aſſez connue. ICARUS, celui à qui l'*Icarie* doit ſon nom, ayant trouvé dans une vigne qu'il avoit nouvellement plantée, un bouc qui en ravageoit les plus douces eſpérances, le ſacrifia ſur-le-champ à Bacchus; les témoins ravis de ce ſpectacle & de l'idée qui l'avoit fait naître, ſe mirent à danſer autour de la victime, en chantant les louanges de Bacchus. Ce divertiſſement plut & devint en peu de temps dans toute la Grece une cérémonie annuelle; cependant comme cette répétition commençoit à ennuyer, THESPIS (25), poëte tragique grec, s'aviſa d'interrompre le chant des chœurs, en introduiſant au milieu d'eux l'exécuteur, barbouillé de lie, qui du haut d'un char venoit réciter quelques traits de fable ou d'hiſtoire, propres à réjouir; ces récits plurent, & d'acceſſoire qu'ils étoient, ils devinrent bientôt principal : ainſi naquit la tragédie au milieu des danſes & des feſtins.

*D*. La tragédie reſta-t-elle longtemps dans cette enfance?

*R*. On s'apperçut bientôt qu'il manquoit quelque choſe aux récits, dans leſquels on faiſoit ſouvent parler ceux dont on racontoit les belles actions, & que l'imitation feroit beaucoup plus parfaite, si on évoquoit, pour ainsi dire, des enfers les mânes de ces grands hommes, & qu'on les fît parler & agir entre eux en présence des auditeurs.

*D.* Qui fut l'auteur de cette invention?

*R.* ESCHYLE (26), fameux Capitaine qui commandoit en chef à la bataille de Salamine, & qui, au retour de son expédition, s'occupa à représenter sur le théatre les malheurs de ses ennemis vaincus, mais avec une ardeur qui tient plus de la fureur que de l'enthousiasme poétique. Il perfectionna la tragédie grecque, que THESPIS avoit inventée; il donna aux acteurs un masque, un habit plus décent, une chaussure plus haute, appellée cothurne, & les fit paroître sur des planches rassemblées, pour en former un théatre. Auparavant ils jouoient sur un tombereau ambulant, comme quelques-uns de nos comédiens de campagne.

*D.* Qui perfectionna la tragédie?

*R.* SOPHOCLE (27), qui, corrigeant la grandeur gigantesque d'ESCHYLE, conserva la noblesse entière qui convient aux personnages de la tragédie; il eut pour rival EURIPIDE (28): ces deux poëtes contemporains mettoient à profit leur jalousie mutuelle pour s'arracher des lauriers; leur cabale respective applau-

applaudiſſoit ou déſapprouvoit, jugeoit tout bon ou tout mauvais, ſelon l'intérêt qu'elle prenoit à ces ſavans champions. Tels nous avons vu meſſieurs de CRÉBILLON & VOLTAIRE, luttant l'un contre l'autre dans *Oreſte*, dans *Semiramis*, dans *Catilina*. Paris a été partagé comme Athènes. Enfin la jalouſie eut ſon terme, & elle devint pour l'un & l'autre une noble émulation. Leurs tragédies étoient également admirables; EURIPIDE tendre & touchant, laiſſoit à SOPHOCLE ſa grandeur & ſa ſublimité; ſi ce dernier étonnoit l'eſprit, l'autre gagnoit les cœurs. Tels parmi nous CORNEILLE & RACINE.

*D*. Qu'eſt-ce que le théatre latin?

*R*. C'eſt une altération manifeſte du grec, où l'on ne voit ni ſcience de théatre, ni vraiſemblance; mais ſi les Romains n'ont produit rien de parfait dans le tragique, le peu qu'ils nous ont laiſſé a donné lieu en quelque ſorte à l'origine du théatre françois: c'eſt de SÉNEQUE (29) & de LUCIEN (30), que le grand CORNEILLE a tiré ſes plus grandes beautés.

*D*. Que ſait-on de la vie & des ouvrages de PIERRE CORNEILLE?

*R*. PIERRE CORNEILLE (31) vint au monde, lorſque la paſſion pour le théatre étoit la plus vive & la plus générale. RICHELIEU (32), par l'émulation qu'il ſavoit répandre dans les eſprits, avoit mis tous les poëtes du temps dans le goût de travailler pour le théatre. CORNEILLE, après avoir lutté quelque temps contre ſon génie, quitta le barreau & tourna auſſi de ce côté là. Ses premiers eſſais effacèrent tout ce qui avoit paru juſqu'alors; & la critique qu'on en fit, ne ſervit qu'à lui faire enfanter les prodiges du théatre, le CID, CINNA, les HORACES, POLYEUCTE, POMPÉE, RODOGUNE & tous les autres chef-d'œuvres qui paroiſſoient ſurpaſſer les efforts de l'eſprit humain, & qui le mirent pour jamais au-deſſus des envieux.

*D.* Qui diſputa la palme à CORNEILLE?

*R.* RACINE (33), dont le cœur ſenſible & tendre remplit tout le théatre de larmes & de ſoupirs; moins fort & moins élevé que CORNEILLE, il frappe & ſurprend moins, mais il eſt plus ſoutenu, & ſans entrer dans de longs raiſonnements, ainſi que fait CORNEILLE, il nous occupe, nous attendrit davantage, & ne nous laiſſe jamais languir.

*D.* Quel poëte l'Angleterre a-t-elle produit, qui mérite en quelque ſorte d'entrer en parallele avec ces deux poëtes?

*R.* Le poëte SHAKESPÉAR (34), dont le génie théatral produit de temps en temps des coups de théatre admirables, mais qui, faute d'être guidé par aucune regle & par aucun principe, tombe tout-à-coup dans la plus grande absurdité : tel un or qui n'a point passé par le creuset, reste impur, chargé de crasse, & n'est qu'une masse informe & sans beauté.

*D.* Quelle différence y a-t-il entre la comédie & la tragédie?

*R.* La tragédie ne représente que les actions des héros, & la comédie ne joue que les actions & les défauts des particuliers. La premiere ne veut qu'exciter la terreur & la pitié, & la seconde n'a pour but que de faire rire, & de corriger en faisant rire.

*D.* Qui fut, pour ainsi dire, le créateur de la comédie?

*R.* ARISTOPHANE, poëte comique grec, qui, sur le modele des poëtes tragiques, donna un plan régulier à toutes les pieces, & renferma dans une action simple & unie, les traits de la satyre. Le théatre d'Athènes rétentit des applaudissements qu'on donna à ses pieces; ses saillies divertirent le peuple, & reprimerent les grands. Il avoit composé plus de 50 comédies, dont il ne nous reste plus qu'onze. v. le p. BRUMOY, théat. des Grecs.

*D.* Qu'étoit-ce que les premières pieces comiques?

*R.* C'étoient des répréſentations de faits véritables, avec les noms, les habits, les geſtes, & la démarche parfaitement reſſemblante de tous ceux que les poëtes expoſoient à la riſée publique ; c'eſt ainſi qu'ARISTOPHANE joua en plein théatre PERICLÈS & ALCIBIADE, les premiers généraux d'Athènes.

*D.* Que produiſit la défenſe de citer les noms, d'emprunter les geſtes & les habits de ceux qu'on jouoit ſur la ſcène?

*R.* L'art de feindre; plus fin & plus ingénieux on tut les noms, mais on traça des caractères ſi vrais & ſi reſſemblants, & on repréſenta des faits ſi peu déguiſés, qu'on reconnoiſſoit facilement ceux que le poëte avoit en vue; ce qui étoit plus agréable & pour les ſpectateurs qui avoient l'eſprit & le plaiſir de déviner, & pour les acteurs qui avoient celui de ſe faire entendre ſans s'expliquer ouvertement.

*D.* La comédie reſta-t-elle au point où l'avoit réduite la néceſſité de taire les noms?

*R.* Les ſujets véritables lui furent défendus, enſorte que les poëtes furent obligés de produire ſur la ſcène des ſujets & des noms de pure invention : ce fut là l'époque de la perfection & de la pureté de la comédie ; elle devint pour tout le monde une école d'inſtruction, & ſans nuire à la réputation d'autrui, chacun étoit peint avec art, & dans ce fidele miroir ſe vit avec plaiſir, & crut ne s'y pas voir.

*D.* Qui ſont ceux qui ſe ſont le plus diſtingués dans ce genre noble de comédie ?

*R.* ARISTOPHANE dans ſes dernières pieces, & MENANDRE (35) parmi les Grecs, PLAUTE (36) & TERENCE (37) chez les Latins. On voit dans ARISTOPHANE & PLAUTE le même génie, le même feu & la même fertilité en bons mots & pieces heureuſes ; pour MENANDRE & TERENCE, ils ſont moins ingénieux, moins facétieux, mais auſſi ont-ils plus de naturel, de politeſſe & de fineſſe : c'étoit à MOLIERE (38), qu'il étoit reſervé de réunir à l'eſprit & à la vivacité d'ARISTOPHANE, l'élégance & la délicateſſe de TERENCE. Néanmoins ce reſtaurateur de la comédie parle ſouvent mal en penſant bien, dit l'illuſtre FÉNÉLON ; j'aime bien mieux ſa proſe que ſes vers &c. &c.

*D.* D'où la tragédie & la comédie ont-elles pris leurs regles ?

*R.* Du poëme épique ; car long-temps avant qu'on eût aucune idée du théatre, HOMERE avoit enfanté son *Iliade*, sur lequel les poëtes qui vinrent ensuite se moulèrent, ensorte qu'il suffit de connoître la nature du poëme épique, pour connoître celle du poëme dramatique.

*D.* Qui fut l'auteur des loix & des regles du poëme épique?

*R.* HOMERE (39), le premier & le plus grand des poëtes.

*D.* HOMERE a-t-il parfaitement rempli son plan?

*R.* A l'exception de quelque défaut léger, il ne dérange point la constitution du poëme épique ; on voit dans ses ouvrages, mais surtout dans l'Iliade, l'action la plus grande & la mieux conduite, noblesse de sentiment, richesses de comparaison, une diction pleine de forces & embellie par le coloris le plus brillant ; enfin tout plait, tout charme dans cet ouvrage, au jugement des plus habiles critiques de France, & il semble que pour instruire & plaire, HOMERE fût venu dérober la ceinture de Vénus.

*D* Qui l'emporte de VIRGILE ou d'HOMERE ?

*R.* VIRGILE (40), moins heureux dans son plan qu'HOMERE, noye souvent l'action principale dans la longueur de l'épiſode, qui fait oublier les dangers du héros ; mais en revanche, chaque morceau de l'ENÉIDE eſt achevé, les bienſéances mieux gardées, les principaux acteurs n'y parlent qu'à propos, & avec beaucoup de dignité & de grandeur. Les Romains ont plus de beauté que les Grecs, enfin il y a beaucoup plus d'art dans l'exécution, & beaucoup moins de génie dans l'invention. On doit néanmoins VIRGILE à HOMERE; on ne ſait ſi celui-ci a eu des modeles, mais on voit qu'il pouvoit s'en paſſer.

*D.* Qui ſont ceux qui approchent le plus des anciens ?

*R.* TORQUATO le Taſſe (41), auſſi heureux qu'HOMERE dans le choix & l'ordonnance de ſon ſujet, qui a ſçu répandre encore avec plus de variété & d'agrément le trouble qui va toujours croiſſant ; & ſans que le poëte paroiſſe jamais ſommeiller, on y paſſe toujours de l'agitation & de l'horreur des combats aux inquiétudes & aux douceurs de l'amitié. Il ſeroit ſeulement à ſouhaiter que s'abandonnant moins à la beauté de ſon génie & aux deſirs de plaire, il n'eut pas outré quelquefois (au jugement des meilleurs critiques) ſes ſentiments & les paſſions des principaux auteurs.

*D.* En quoi monſieur de FÉNÉLON (42) ſurpaſſe-t-il les anciens?

*R.* Dans la pureté & la beauté de la morale ; il a eu l'art de mêler quelque choſe de plus fin & de plus délicat dans la conduite de ſon poème, en ce que ſon héros s'expoſe à tous les dangers ſans connoître les ſecours que la divinité lui prête : pour la douceur de la narration & les grâces de la diction, il n'eſt guère inférieur aux anciens ; s'il a moins de feu & de vivacité, c'eſt que ſon ſujet n'en renfermoit pas davantage.

*D.* Quels ſont les autres petits poèmes qui ont rapport au poème épique & à la tragédie?

*R.* Les principaux ſont la fable, l'élégie, l'églogue, la ſatyre, & la chanſon. La fable eſt un poème épique ; l'églogue n'eſt qu'une tragédie en raccourci ; l'élégie peut être regardée comme une ſcène détachée de la tragédie, & la ſatyre eſt un diſcours qui paroit convenir à un perſonnage ſérieux de la comédie ; la chanſon n'eſt qu'un bon mot emprunté de la ſatyre.

*D.* Que ſavez-vous de l'origine de tous ces poèmes?

*R.* ESOPE (43) peut être regardé comme le père de la fable ; la crainte de déplaire en expoſant ingénuement la vérité, lui fit avoir recours à un petit artifice, pour se faire entendre sans s'expliquer ouvertement; PHEDRE (44) assaisonne ses fables de la pureté de sa diction & de l'heureux tour de ses vers, & notre inimitable LA FONTAINE (45) les enrichit des traits les plus neufs, de son invention. On ignore quel est l'auteur de l'élégie; un poëme si tendre doit sa naissance à la douceur, comme la satyre doit la sienne (à ce qu'on prétend) à la rage & au dépit d'ARCHILOQUE (46), poëte grec. Il a eu par la suite des imitateurs, comme HORACE & BOILEAU (47), qui n'ont guère eu moins de fiel que lui; pour JUVENAL (48) & REGNIER (49), ils y gardent moins de mesure, & sans ménager ni les personnes ni même la pudeur, ils en médisent avec une licence brutale & grossière. La chanson est née dans la France, & paroit se faire naturellement.

*D.* Quelle est l'origine de l'églogue?

*R.* L'églogue est un fruit du loisir de la campagne des premiers bergers, bien différents de ceux de nos jours, dont les soins inquiets étouffent tout autre sentiment que celui de leur misère. Ils s'occupérent à chanter leurs propres avantures, n'en connoissant point & n'en ayant pas de plus intéressantes. Les plus anciennes églogues qui nous restent sont celles de THÉOCRITE (50) de Syracufe, qui ont fervi de modele à VIRGILE, & dont il a copié tout le neuf & le délicat. L'art avoit atteint fon but ; mais M. DE FONTENELLE (51) voulant enchérir fur VIRGILE, a ajouté à la délicateffe & au naturel le fin & le fpirituel, & il a par-là altéré le fond de ce poëme, en faifant d'un entretien de bergers, une converfation de courtifans les plus fpirituels.

*D.* Qu'eft-ce que l'idylle ?

*R.* L'idylle, qu'on ne diftingue pas affez de l'églogue, n'eft qu'un fentiment moral à la fuite de quelques autres objets champêtres, dont le poëte fait la defcription. Les plus belles idylles que nous ayons font celles de madame DESHOULIERES (52) ; elles offrent une poéfie douce & facile, la belle nature, une morale utile, & toutes les grâces de la naïveté ; c'eft la fleur des badinages les plus ingénieux ; il y en a peu cependant qui effacent ou qui égalent fon fonnet fur la rofe. Etant entré dans un parterre le matin d'un jour de printems, (circonftance qui eft décrite avec les couleurs les plus vives,) l'auteur trouve une rofe qui commençoit à fe peindre de fes couleurs ; de retour le foir, il voit la même fleur pâle, languiffante & prefque éteinte. Cet objet lui rappelle la briéveté de la vie ; la différence cependant qu'il y a, c'eſt que les fleurs renaiſſent tous les printems, & que la vie ne peut ſe ranimer; là - deſſus, le poëte, ſelon la morale poétique, s'écrie, hâtez - vous, brillante jeuneſſe, de cueillir des roſes, tandis que vous êtes dans la ſaiſon de le faire, & ſouvenez-vous que vos beaux jours ſe paſſeront comme elles.

---

## CHAPITRE TROISIEME.

### *DE L'ÉLOQUENCE.*

*D.* POURQUOI l'éloquence a - t - elle été poſtérieure à la poéſie ?

*R.* C'eſt que l'éloquence, outre le feu & le génie qu'elle demande dans un orateur, ſuppoſe encore la connoiſſance de toutes les autres ſciences, & la rencontre des circonſtances favorables.

*D.* Dans quel lieu & dans quel temps l'éloquence brilla-t-elle dans tout ſon éclat?

*R.* Ce fut dans Athènes, & dans un temps où toutes les circonſtances ſembloient concourir à former un parfait orateur. Les ſciences comme l'art du raiſonnement, la morale & la politique, venoient d'être portées à un point où l'on n'avoit pas lieu d'attendre qu'on pût les faire monter en si peu de temps; les chef-d'œuvres de la poésie & de l'histoire avoient allumé les imaginations ; les plus somptueux édifices étaloient leur magnificence & leur grandeur dans tous les quartiers d'Athènes; les plus beaux ouvrages de peinture & de sculpture brilloient dans tous les temples & dans les places publiques; Athènes étoit dans les plus beaux jours de sa gloire ; les esprits étoient échauffés, & les idées agrandies par les succès & la variété des événements. DEMOSTHENES (53) parut dans ces circonstances; né avec un esprit vaste & pénétrant, doué d'une grandeur d'ame héroique, & animé par un amour ardent pour sa patrie, allarmé sur le danger où l'exposoit l'insensibilité de ses concitoyens, il monte à la tribune aux harangues, il tonne, il foudroye, & répand dans ses discours ce feu, cette ardeur, cette véhémence qui caractérisent surtout ce prince des orateurs.

*D.* Où faut-il chercher l'éloquence au sortir d'Athènes?

*R.* A Rome, & dans les derniers temps de la république, lorsque chaque citoyen se croyoit élevé audessus des trônes des rois; c'est dans ces heureux temps que l'esprit n'ayant plus à se distinguer que par le mérite & les talents naturels, on vit cette foule d'orateurs, audessus desquels CICÉRON (54) s'éleva si fort par ses chef-d'œuvres, la Milonienne & les Philippiques, que l'éloquence paroît être arrivée à son plus haut point de perfection.

*D.* Quels sont les grands orateurs françois?

*R.* BOURDALOUE (55), MASSILLON (56), BOSSUET (57) dans la chaire, PATRU (58), le MAISTRE (59) dans le barreau, & une infinité d'autres, qui se sont distingués en ce genre, mais qu'il seroit trop long de rapporter. BOURDALOUE, qu'on a coutume de mettre à la tête de tous les prédicateurs, est serré, pressant, noble, véhément; mais il ne sort jamais d'une certaine assiette tranquille, & n'a pas de ces mouvements violents & préparés de longue main, qui ébranlent & renversent. MASSILLON est plus élégant, plus figuré; il a un style coulant, des expressions choisies & harmonieuses, qui durent également satisfaire & convaincre tout son auditoire. BOSSUET dans ses conférences pose ses principes, étonne, convainc, ébranle, met à terre son adversaire; il rappelle l'idée de l'éloquence contentieuse, de l'éloquence de CICÉRON. PATRU est doux, insinuant, & sait préparer & amener les mouvements. LE MAIS-

TRE ménage moins ſon feu, qu'il n'en a de reſte, & il ſait toujours ſe ſoutenir & conſerver ſa chaleur.

---

## CHAPITRE QUATRIEME.

### *DE LA PEINTURE ET DE LA SCULPTURE.*

*D.* QU'ONT de commun avec la poéſie & l'éloquence, la peinture, la ſculpture, l'architecture, & la muſique?

*R.* Le feu, le génie, l'enthouſiaſme, qui doivent animer la peinture auſſi bien que les poëtes; car les poëtes ne montent pas ſeuls au parnaſſe, les grands muſiciens & les grands peintres y ont auſſi leurs places. Il ne faut pas moins de génie poétique pour peindre les actions de LOUIS XIV, comme a fait LEBRUN, que pour les décrire en vers: il ne falloit pas moins de grandeur d'ame pour dreſſer le plan de la façade du Louvre, que pour faire les deſcriptions de ſuperbes édifices, telles qu'on en trouve dans HOMERE, VIRGILE & OVIDE (60).

*D.* Quels ont été les premiers peintres qui méritèrent de porter ce nom, & dans les ouvrages desquels on a remarqué du dessein & de l'expression ?

*R.* Les plus anciens peintres dont l'histoire fasse mention sont ZEUXIS (61) & PARRHASIUS (62), dont l'un peignit si naturellement des raisins, que les oiseaux venoient les becqueter ; & l'autre fit si bien un rideau, que les assistants portoient la main pour le tirer.

*D.* Qu'est-ce qui manquoit à ces premiers peintres ?

*R.* Le coloris surtout. Les premiers peintres n'employoient dans leurs ouvrages que les quatre couleurs maitresses ; ce ne fut que long-temps après, qu'APPELLES (63) s'avisa de faire de la couleur, & d'imiter la nature par le moyen de cette composition.

*D.* Quelle autre beauté ajouta-t-on à la peinture ?

*R.* Comme les athletes combattoient presque nus dans l'arène, & que par la contention de leurs nerfs, ils laissoient beaucoup mieux appercevoir les efforts qu'ils faisoient ; PRAXITELE (64), sculpteur grec, découvroit aussi bien les statues, & exprimoit par une étude profonde de l'anatomie, la force, la souplesse, ou la longueur des corps. Les peintres, pour perfectionner leur art, n'ont que trop profité de l'exemple de ces premiers maîtres.

*D.* Quel avantage la peinture moderne a-t-elle ſur celle des anciens ?

*R.* Le grand avantage de notre invention & le plus grand ſecret, c'eſt de peindre à l'huile, au lieu que les anciens ne peignoient qu'à freſque. Ce ſecret fut trouvé il y a environ trois ſiecles, & par ſon moyen, on a pu donner aux couleurs plus de durée, d'union & de douceur.

*D.* Quel autre ſecret les peintres modernes ont-ils trouvé qui paroit avoir été ignoré des anciens ?

*R.* C'eſt de faire plafonner les figures, c'eſt-à-dire, de les détacher de la toile, & de les mettre en l'air. Ce ſecret fut mis d'abord en uſage, au moyen du clair obſcur, par ANTOINE LE CORREGE (65), un des plus grands peintres que l'Italie ait produits.

*D.* Quels ſont les ouvrages les plus vantés des grands peintres, & qu'on regarde comme les merveilles de la peinture ?

*R.* Il n'y a perſonne qui n'ait entendu parler de la célebre Vénus d'Apelles, dont la beauté contribua plus que toute autre choſe à étendre le culte de cette divinité payenne ; tout le monde admire encore celle de PRAXITELE qu'on voit à Verſailles ; le tableau de la transfiguration par SANZIO

RAPHAEL

RAPHAEL (66), qui vivoit ſous LÉON X (67), eſt preſque auſſi connu que l'Enéide de VIRGILE ; c'eſt-là qu'on voit avec étonnement des réflexions de lumière qui vont éclaircir des objets, qui d'un autre côté paroiſſent dans la plus grande obſcurité ; le buſte de Louis XIV, par BERNIN (68), non ſeulement repréſente en tout les traits & le corps majeſtueux de ce prince, mais il en exprime encore le caractère & toute la grandeur d'ame.

---

## CHAPITRE CINQUIEME

### *DE LA GRAVURE.*

*D.* COMBIEN y a-t-il de ſortes de gravure ?

*R.* Il y en a de deux ſortes. La gravure au burin, ou l'art de frapper les médailles ; & la gravure en taille douce, ou l'art d'eſtamper.

*D.* L'art de frapper les médailles eſt-il fort ancien ?

*R.* Non ſeulement il l'eſt, mais il a encore été anciennement élevé à un haut point de perfection. C'eſt par les médailles qui nous reſtent que nous jugeons de l'ancien temps, & ſurtout d'après celles qui ont été faites ſous les premiers empereurs. Mais cet art a souffert comme tous les autres son éclypse, & il faut remonter jusqu'au sixième siècle, pour trouver les médailles les plus rares & les mieux frappées; celles que fit WARIN (69) pour LOUIS XIII, sont d'une beauté achevée; ANDRÉ-CHARLES BOULE (70) qui lui succéda, ne fut pas moins habile. Le siècle de LOUIS XIV abondoit en excellents graveurs, comme en tous autres artistes.

*D.* Quand a-t-on trouvé l'art de graver en taille douce?

*R.* La gravure en taille douce est très-récente; ce fut à Florence qu'on en fit le premier essai sur des planches de bois; peu de temps après on employa des planches de cuivre, & les estampes en reçurent plus de douceur & d'agrément. Enfin on inventa la gravure à l'eau forte; ce qui rendit la gravure aussi propre que la peinture au grand dessein & aux grandes ordonnances.

*D.* Qui sont ceux qui ont excellé dans la gravure?

*R.* Les plus habiles graveurs sont LECLERC de Metz (71), PICART de Paris (72), NANTEUIL de Rheims (73), CALLOT de Nancy (74), & quantité d'autres dont les estampes se sont répandues partout. NANTEUIL excelloit dans le portrait; CALLOT dans un petit eſpace avoit le talent de renfermer une infinité d'objets, & d'exprimer en deux ou trois coups de burin, les geſtes, les attitudes, & toutes les paſſions de ſes perſonnages.

---

# CHAPITRE SIXIEME.

## *DE L'ARCHITECTURE.*

*D.* QUELLE eſt l'origine de l'architecture & de ſes quatre principaux ordres?

*R.* DORUS ayant bâti un temple à Junon dans la ville d'Argos, toutes les parties en étoient ſi bien diſtribuées, les dimenſions ſi juſtes, & les ornements d'un ſi bon goût, qu'on le prit à la ſuite pour modele; & cette première manière de bâtir eſt nommée *Ordre Dorique.* Quand on bâtit dans la ſuite le fameux temple de Diane, on diſpoſa toutes les parties dans le nombre & l'arrangement des colonnes Doriques, & on créa un nouvel ordre qu'on appella *Ionique*, parce que ce temple étoit bâti dans l'Ionie. CALLIMAQUE, célebre ſculpteur d'Athènes, s'étant aviſé de changer au ſecond ordre, & ſurtout d'orner les colonnes d'une branche d'acanthe, idée qui lui étoit venue à la vue d'un panier qu'on avoit mis ſur le tombeau d'une jeune fille de Corinthe, autour duquel il étoit crû naturellement une branche d'acanthe, donna occaſion à un troiſième ordre d'architecture qu'on nomma *Ordre Corinthien*. Enfin les Romains firent un quatrième du mélange de ces premiers, retranchant de l'un & prenant de l'autre un ornement, & y en ajoutant de nouveaux : & on le nomme *Ordre composite* (*).

*D*. Quels ſont les plus beaux ouvrages d'architecture ?

*R*. Un des plus beaux, du moins parmi ceux qui nous reſtent, eſt le temple de JULES CÉSAR, où l'on voit encore en partie à Rome les chapiteaux corinthiens, qui reſtant tout entiers, ſont juger de l'élégance, de la ſimplicité, & de la grandeur de tout l'édifice. Le théatre de MARCELLUS & le PANTHÉON (**) ſont encore regardés comme des chef-d'œuvres de l'art. Le temple de Jupiter-augure paroît être bâti dans le même goût ; & celui de la Paix, que fit bâtir VESPASIEN (75), orné des dépouilles du temple de Jéru-

---

(*) Le premier de tous, qu'on appelloit *Toſcan*, n'exiſte plus dans aucun ancien monument.

(**) Temple dédié à tous les dieux.

salem, est encore le plus riche & le plus grand qui soit à Rome.

*D.* Que fit-on en France, lorsqu'on voulut rétablir l'architecture, qui avoit été étouffée sous les ornemens gothiques?

*R.* Les architectes se rendirent à Rome & dans tous les lieux où il restoit quelque trace de l'ancienne architecture; ils remarquèrent les belles proportions qui régnoient dans ces édifices, l'usage sobre & modéré avec lequel on y employoit les ornements; & ils revinrent avec ce goût & l'idée du beau, qu'ils imprimoient dans tous leurs ouvrages.

*D.* Quels sont les premiers ouvrages d'architecture où l'on vit renaître les beautés & le goût des anciens?

*R.* Ces ouvrages sont la fontaine des saints Innocents, chef-d'œuvre dont le plan fut tracé par PIERRE LESCOT (76), Abbé de Cluni, & orné par GOUJON (77), des plus précieuses sculptures; le palais des Tuilleries, bâti par PHILIBERT DE LORME (78), successeur de LESCOT, sous le regne de CATHERINE DE MÉDICIS: le palais & le monastère de l'Escurial, (village fameux dans la nouvelle Castille) dont LOUIS DE FOIX (79), Parisien donna le plan, furent préférés à toutes les autres architectures d'Italie & d'Espagne.

*D.* Quels ſont les chef-d'œuvres de l'architecture moderne ?

*R.* Ces chef-d'œuvres ſont le Luxembourg, de l'ordonnance de JACQUES DEBROSSE (80); l'aqueduc d'Arcueil, & le portail de Saint-Gervais, ouvrages les plus achevés par le même artiſte ; les portes de Saint-Denys & de Saint-Antoine, par BLONDEL (81) ; enfin la façade du louvre, tracée par LOUIS LEVAU (82), eſt un morceau où l'architecture étale toutes ſes richeſſes & toute ſa magnificence.

---

## CHAPITRE SEPTIEME ET DERNIER.

### *DE LA MUSIQUE.*

*D.* QU'EST-CE que la muſique ?

*R.* C'eſt l'imagination des ſons dont la nature ſe ſert pour exprimer les ſentiments ; & comme la nature s'exprime mieux par les cris de la douleur & de la joie, que par les plus beaux diſcours, la muſique eſt auſſi naturellement plus touchante que la plus tendre poéſie.

*D.* Qu'elle preuve avez-vous du pouvoir de l'harmonie ancienne.

*R.* Elle adouciſſoit les tranſports de la fréneſie ; elle modéroit ou excitoit à ſon gré l'ardeur des combattants pour régler la marche des troupes : dans certains pays on obligeoit chaque ſoldat de marquer du pied la cadence de quelques vers de muſique en allant au combat. Un prophête du Seigneur, pour appaiſer les agitations où l'avoit jeté l'ardeur de ſon zele, ordonna qu'on jouât de la harpe en ſa préſence, & auſſitôt il rentra en ſon aſſiette ordinaire.

*D.* Qu'eſt-ce qui pouvoit opérer ces effets prodigieux, qu'on raconte de la muſique ancienne ?

*R.* On n'en peut attribuer les effets admirables qu'au génie des premiers maîtres de l'art, & à la vivacité des ſentiments qu'ils répandoient dans leurs compoſitions, puiſque la muſique étoit dépourvue d'accords, & par là incapable de faire par elle même les impreſſions extraordinaires qu'on lui attribue.

*D.* Quel eſt le grand avantage de la muſique ſi ancienne ?

*R.* Ce grand avantage réſulte des accords qu'un moine Bénédictin d'Italie trouva vers le onzième ſiecle, au moyen deſquels la muſique imite ce qu'il y a de plus grand &

de plus terrible dans la nature : le bruit du tonnerre, les cris des combattants & des mourants, & le mugissement de la mer en courroux.

*D.* Qui le premier fit usage de la musique dans les combats?

*R.* OSIRIS, roi d'Egypte, qu'on croit être l'inventeur des timbales & des trompettes.

*D.* Qui le premier introduisit le chant dans les églises?

*R.* Saint AMBROISE, dans le quatrième siecle, fut l'auteur de cette nouveauté. Le fruit que la piété en a retiré, & que S. AUGUSTIN prétend avoir lui même éprouvé, a servi beaucoup à maintenir cet usage. Saint GREGOIRE, dans le dixième siecle, ajouta au chant plus d'expression qu'il n'en avoit auparavant.

*D.* De quelle marque se servoit-on dans les commencements, pour marquer les différents tons de la musique?

*R.* On se servit pour cela des premières lettres de l'alphabet; ce ne fut que long-tems après, que GUY ARETIN ou d'AREZZO (83), moine Bénédictin, s'avisa de les marquer par des pointes distribuées sur des lignes paralleles. JEAN DE MEURS OU DE MURY, de Paris, quelque temps après, en marqua la valeur par la diſtinction des points noirs, & par les croches qu'il y ajouta.

*D.* Quels ont été les beaux regnes de la muſique ?

*R.* Le regne de la muſique a été celui de LOUIS XIV ; c'eſt ſous ce prince que parut le célebre JEAN-BAPTISTE LULLI (84), qui ſans étude & ſans art, & guidé par la ſeule nature, a compoſé des airs nobles, tendres & grâcieux, qu'on entend toujours avec un nouveau plaiſir : il paroit que depuis ce grand homme, la muſique a dégénéré, du moins pendant quelque temps, & qu'elle s'occupe plus à faire briller la voix, qu'à toucher le cœur.

*Fin des arts libéraux.*

# CONCLUSION.

CET essai nous prouve que ce n'est guères que dans la Grece, l'Italie, & la France, que les beaux arts parvinrent à leur plus haute perfection, non par des progrès lents & tardifs, mais tout-à-coup, & sans que le grand jour ait été précédé d'aucun crépuscule.

AUGUSTE se vantoit d'avoir changé toute la facè de Rome, & de l'avoir revêtue de marbre, c'est-à-dire, qu'il avoit vu naître tous les peintres, les sculpteurs & les architectes, ainsi que les poëtes & les historiens. Au commencement du quinzième siecle, toutes les écoles les plus fameuses se formèrent presque en même temps, à Rome, à Genève, à Venise, & à Florence. Du temps de LÉON X, l'imprimerie, qui étoit venue à notre secours, multiplia les copies des bons ouvrages, qu'on ne connoissoit presque plus, & on s'appliqua avec une ardeur incroyable à les comprendre & à les suivre; mais ce ne fut que depuis 1630 jusqu'à 1680, que parurent sous LOUIS XIV les plus grands artistes & les plus beaux génies de ce siecle.

C'eſt probablement aux ſuccès des guerres précédentes, & à une certaine élévation d'ame qu'ils firent naître, que nous devons l'étude de tous les monuments de poéſie, de peinture & d'architecture, qui nous reſtoient de l'antiquité : quand Rome, dit HORACE, n'eut plus rien à craindre de Carthage, on commença à lire les Grecs, & on tâcha de les imiter. Ceux-ci ne furent redevables de la perfection où ils portérent les arts, qu'à la force de leur génie, ſoutenue par les idées de grandeur, que leurs mœurs, l'état floriſſant de leur république, & les étonnants ſuccès de leurs armes leur donnoient. Si les arts & ſur-tout les arts libéraux ont ſouffert quelques révolutions, on n'a pu l'attribuer qu'à l'extinction d'une certaine chaleur, dont les eſprits ſont animés ſous un regne triomphant, à l'envie de ſe diſtinguer de ceux qui nous ont précédés, au dégoût des meilleures choſes, qui ne piquent plus lorſqu'elles n'ont plus rien de nouveau, enfin au ſoin trop ſcrupuleux de limer & de polir ſon ſtyle, afin de ſuppléer par le brillant de l'expreſſion au défaut de grands ſentiments : c'eſt ainſi que dans la Grece, lorſqu'elle fut tributaire des Romains, n'y ayant plus de loix à réformer, ni d'ennemis à redouter, les orateurs préférérent des ſujets de parade, peu intéreſſants par eux mêmes, la fineſſe & la nouveauté des penſées, a cette mâle éloquence que leurs prédéceſſeurs avoient déployée avec tant de ſuccès.

Il faut donc, pour prévenir la décadence du bon goût & des beaux arts, nourrir ſon eſprit au grand, ne pas ſe laiſſer éblouir par les attraits de la nouveauté ou l'éclat ſéduiſant du beau langage, mais ſuivre fidèlement la route qu'ont tenue les anciens écrivains, qui depuis long-temps paſſent pour d'excellents modeles; n'ajoutant parmi les nouveaux que ceux qui leur reſſemblent, & qui ont, comme eux, le livre de la nature toujours ouvert devant leurs yeux.

FIN.

# *NOTES HISTORIQUES*
## SUR LES GRANDS HOMMES
### QUI ONT CULTIVÉ ET PROTÉGÉ LES BEAUX ARTS.

---

(*a*) NOEMA, fille de LAMECH, inventrice de l'art de faire des étoffes tissues.

(*b*) Les Phéniciens, peuples qui habitent une partie de l'ancienne Syrie ou la province de la Turquie asiatique, appellée Phénicie.

(*c*) CONSTANTIN TIBERE fut originaire de Thrace; son mérite, joint à l'esprit & à la valeur, l'éleva aux premières charges de l'empire; ce prince mourut en 582. Les larmes que les peuples versèrent sur sa tombe, furent ses plus glorieux trophées.

(*d*) ROGER II se fit couronner roi de Sicile à Palerme, & obtint en 1130 la confirmation de son couronnement, de l'antipape ANACLET II, dont il soutenoit le parti; il mourut en 1152.

(*e*) LOUIS XI, fils de CHARLES VII, naquit à Bourges en 1423, & parvint à la couronne en 1461. C'est à ce monarque que nous devons l'établissement des postes, & c'est sous son regne qu'il reçut le titre de *roi très-chrétien*, titre qui est devenu permanent dans ſes ſucceſſeurs. Il mourut au château Dupleſſis-les tours, le 21 août 1483, âgé de 60 ans.

(*f*) Henri II, roi de France, né à Saint-Germain en Laye, le 31 mars 1518, monta ſur le trône, le 31 mars 1547, & mourut le 10 juil. 1559 âgé de 41 ans.

(*g*) Henri IV *le Grand*, roi de France & de Navarre, naquit le 13 déc. 1553 dans le château de Pau, capitale du Béarn. Ce prince, chef aujourd'hui de la branche de Bourbon, fut aſſaſſiné par François Ravaillac, le 14 mai 1610.

(*h*) François I, roi de France, ſurnommé *le Pere des lettres*, naquit à Cognac le 12 ſept. 1494; il monta ſur le trône le premier janv. 1515, âgé de 21 ans, & mourut à 52 ans. La protection que ce monarque accorda aux beaux arts, a couvert auprès de la poſtérité la plupart de ſes défauts.

(*i*) Charles Lebrun, premier peintre du roi, fut directeur des manufactures des meubles de la couronne aux Gobelins, & de l'académie de peinture. Il naquit à Paris en 1618, & mourut en 1690. Ses chef-d'œuvres le mirent à la tête des peintres françois. Ses batailles d'Alexandre, qui ont donné une idée de ſon génie dans les pays les plus éloignés, ſa Madeleine pénitente, Saint-Jean dans l'île de Patmos &c. fixeront toujours les regards des connoiſſeurs. Louis XIV combla de bienfaits ce grand homme; il l'ennoblit, le fit chevalier de l'ordre de Saint-Michel, lui donna ſon portrait, enrichi de diamants, & lui accorda des armoiries.

(*l*) LOUIS XIV, né à Saint-Germain en Laye, le 15 ſept. 1638, acquit par la gloire de ſon regne le ſurnom de *Grand*. Il parvint à la couronne le 14 mai 1643, & mourut à Verſailles, le premier ſept. 1715. C'eſt ſous ſon regne que parurent ces chef-d'œuvres d'éloquence, d'hiſtoire & de poéſie, qui ſeront l'éternel honneur de la France. LOUIS XIV encouragea & récompenſa tous les hommes illuſtres qui ont honoré ſon ſiecle; auſſi la révolution générale qui ſe fit alors dans nos arts, nos eſprits & nos mœurs influa ſur toute l'Europe. Bientôt l'Angleterre, l'Allemagne, la Ruſſie, l'Italie languiſſantes, & tous ces peuples divers enrichirent leur littérature, en admirant ce monarque françois. Ce grand prince, qui ſavoit ſi bien employer ſes héros & ſes miniſtres, prenoit ſon rang dans l'empire des ſciences avec les BOILEAU, les RACINE, les FÉNÉLON, les BOURDALOUE, & tous les ſavants de ſon temps.

(*k*) JEAN-BAPTISTE COLBERT, né à Paris d'une famille de robe, fut nommé contrôleur général en 1661, & en 1664 LOUIS XIV le fit ſurintendant des bâtiments. Tous les arts qui ont quelque rapport aux édifices, ſemblèrent alors revivre; de nouvelles ſociétés de gens de lettres & d'artiſtes furent formées par ſes ſoins. L'académie des inſcriptions prit naiſſance chez lui en 1663; celle des ſciences fut érigée trois ans après, & celle d'architecture en 1671. Ce nouveau Mecène accorda aussi sa protection à l'académie françoise, à celle de peinture & de sculpture. C'est sous les yeux de ce digne ministre que le commerce redevint florissant en France, & que ce royaume fut peuplé & enrichi. Il mourut en 1683, âgé de 64 ans & six jours.

(*l*) LOUIS XV dit *le bien-aimé*, fils de LOUIS, duc de Bourgogne, né à Versailles le 15 févr. 1710, roi de France & de Navarre le premier sept. 1715, sacré & couronné à Rheims le 25 oct. 1722, marié à Fontainebleau le 5 sept. 1725, mort à Versailles le 10 mai 1774, à 64 ans 3 mois.

(*m*) BERTHOLD SCHWART, originaire de Fribourg en Allemagne, passe pour l'inventeur de la poudre à canon & des armes à feu. On prétend qu'il fit cette découverte par le moyen de la chymie.

(*n*) NICOLAS BACON, Anglois de nation, mourut en 1578, à l'âge de 69 ans. Il se livra entièrement à la carrière des sciences, à celle des affaires d'état, & il y réussit.

(*o*) EDOUARD III, roi d'Angleterre, qui institua l'ordre de la Jarretière, succéda à EDOUARD II, & mourut en 1377.

(*p*) PHILIPPE DE VALOIS monta sur le trône de France en 1328, & mourut en 1350, à l'âge de 57 ans. C'est sous le regne de ce monarque que HUMBERT II, dauphin de Viennois, donna ses états à la couronne de France, sous condition que les fils aînés de nos rois porteroient le titre de dauphin.

(*q*) ANNE-JULES DE NOAILLES, duc & pair & maréchal de France, naquit en 1650, & mourut à Verſailles le 20 oct. 1708, à l'âge de 59 ans. Ce ſeigneur ſe diſtingua par ces rares qualités qui forment l'homme d'eſprit & le général.

(*r*) PIERRE PUGER, ſculpteur, peintre & architecte, né à Marſeilles en 1622, y mourut en 1694; il annonça dès l'âge le plus tendre, l'heureuſe fécondité de ſon génie. Ce grand maître, que LOUIS XIV appelloit *l'inimitable*, fut directeur de la conſtruction des vaiſſeaux & des galères. C'eſt lui qui, pour l'ornement des vaiſſeaux, inventa ces belles galeries que l'étranger a tâché d'imiter.

(*s*) HENRI FRANÇOIS, comte de Mansfeld, étoit d'une des plus illuſtres maiſons d'Allemagne; il mourut à Vienne en 1715 à l'âge de 74 ans, avec tous les grades & dignités dûs à un grand capitaine. Il étoit prince du Saint-Empire, grand d'Eſpagne, maréchal général des armées de l'empereur, général de l'artillerie &c.

(*t*) PIERRE DE NAVARRE, d'une maiſon obſcure dans la Biſcaye (prov. marit. d'Eſp.) ſervit d'abord ſur mer; bientôt ſa valeur & ſon génie pour l'art militaire l'élevèrent aux premières places; mais la jalouſie & la haine mirent fin aux ſuccès de ce héros: il fut arrêté dans le royaume de Naples, & on aſſure que CHARLES-QUINT le fit étrangler en priſon; d'autres au contraire prétendent qu'il y mourut de chagrin.

(*v*) FERDINAND V, dit *le Catholique*, roi d'Arragon, étoit le plus grand roi de ſon ſiecle; mais ſon ambition & sa perfidie ternirent ses belles qualités. Il mourut en 1516.

(*x*) SEBASTIEN LEPRESTRE, seigneur de Vauban, naquit en 1633, & mourut d'une fluxion de poitrine en 1707, âgé de 74 ans, après avoir travaillé à 300 places anciennes, & en avoir construit 33, au nombre desquelles est le fameux port de Dunkerque, son chef-d'œuvre, & par conséquent celui de l'art. Il se trouva à 140 actions de vigueur, & conduisit 53 siéges; il reçut en 1703 le bâton de maréchal de France. Mais cet ancien romain, quoique François, n'etoit pas courtisan; c'étoit un sujet fidele, qui aimoit mieux servir que plaire, & dont l'humanité & la bonté ne cherchoient qu'à soulager les citoyens.

(*z*) LUCULLUS, de famille consulaire, parut d'abord avec éclat dans le barreau, & se signala par ses exploits militaires. Il se livra à l'étude & au commerce des hommes les plus ingénieux de son temps; & sa bibliotheque, enrichie de livres précieux, fut le rendez-vous de tous les savans. Il mourut avec la réputation d'un homme dont les vertus civiles surpassoient encore l'héroisme.

(*aa*) JOSEPH PITTON DE TOURNEFORT, né a Aix en Provence, fut professeur en botanique au jardin royal des plantes. Il préféra l'étude de la nature à celle de la langue romaine; son corps aussi bien que son esprit sembloient avoir été faits pour la botanique. Après bien des travaux & des voyages de long cours, il mourut le 28 déc. 1708, d'un coup qu'il avoit reçu par hasard dans la poitrine. Il laissa par son testament, son cabinet de curiosité au roi, pour l'usage des savants, & ses livres de botanique à l'abbé BIGNON.

(*bb*) JEAN DE LA QUINTINIE, naquit à Poitiers en 1626. Il porta à un haut point de perfection ses connoissances sur l'agriculture; il découvrit le premier, par ses expériences curieuses & utiles, ce qui n'avoit jamais été ni pensé, ni même cru possible. Il nous reste de ce savant, mort à Paris, un excellent livre intitulé : *Instructions pour les jardins fruitiers & potagers*, 2 vol. in-4.

(*cc*) ANDRÉ LENOTRE, naquit à Paris en 1613, & y mourut en 1700. Il succéda d'abord à son père dans l'emploi d'intendant des jardins des tuilleries, & ses rares talents l'élevèrent à la place de contrôleur général des bâtiments de sa majesté, & dessinateur des jardins.

(*dd*) HENRI DE LORRAINE, duc de Guise, naquit à Blois 1614. Il se signala dans le fameux Carousel de 1662. Ce héros de la mythologie avoit un génie ardent & incapable de repos; il mourut en 1664.

(*ee*) FERDINAND ALVAREZ DE TOLEDE, duc d'Albe, né en 1508 d'une des plus illustres familles de l'Espagne, mourut en 1582 âgé de 74 ans.

(*ff*) MICHEL SERVET, né à Villa nueva en Aragon en 1509, étoit docteur en médecine, il écrivit à Calvin sur la Trinité; mais son style peu favorable à ce mystère, fut cause de la haine théologique que lui porta le patriarche de Genève, & qui le mena au supplice.

(*gg*) CHRISTOPHE COLOMB, naquit en 1442 à Cogureto dans le territoire de Gènes. Ce grand amiral conçut par la seule inspection d'une carte de notre hémisphère, qu'il devoit y avoir un autre monde, & qu'on pouvoit procurer cette découverte aux Portugais, qui n'osoient entreprendre que de petits voyages sur mer. La fortune accompagna le génie & le courage de ce célebre marin, qui a eu la gloire de donner son nom à la nouvelle moitié du globe. Il mourut à Valladolid (une des plus considérables villes d'Esp. dans la vieille Castille) en 1506, âgé de 64 ans; mais sa carrière fut plus brillante qu'heureuse.

(*hh*) EUMENE II, roi de Pergame, monta sur le trône 197 ans avant J. C. & mourut 159 avant J. C. Ce prince étoit protecteur des lettres; il fonda la fameuse bibliotheque de Pergame sur celle d'Alexandie.

(*ii*) PIERRE SCHEFFER DE GERNSHEIM, inventa le premier les lettres mobiles qui ont constitué ce bel art. Cette découverte se fit vers 1450.

(*ll*) HENRI ÉTIENNE, imprimeur de Paris, mort à Lyon en 1520, est la souche de tous les savants de ce nom, qui ont illustré la presse & la littérature. Le dernier de la famille de ces célebres imprimeurs est mort aveugle à l'hôtel-Dieu de Paris en 1674, âgé de 80 ans. Les Étiennes sont encore aujourd'hui à la tête des premiers imprimeurs du monde pour la beauté & la correction de leurs éditions.

(*kk*) CHRISTOPHE PLANTIN, né à Mont-Louis près de Tours, porta à un haut dégré de perfection l'art de l'imprimerie. Il se retira à Anvers, où le bâtiment destiné à ses presses, étoit regardé comme un des principaux ornements de la ville. Il mourut en 1598 âgé de 75 ans.

(*ll*) ELZEVIRS, LOUIS, BONAVENTURE, ABRAHAM, & DANIEL furent les cinq plus célebres imprimeurs d'Amsterdam & de Leyde. Les belles éditions de leur Virgile, de leur Terence &c. prouvent l'intelligence qu'ils avoient de la librairie & du choix de leurs bons livres. Toute cette famille est éteinte par la mort du dernier, arrivée à Amsterdam en 1680.

(*mm*) THEODORE DE LAMOS, fils de ce rhécus, qui inventa la plastique & la fonte, étoit un habile peintre & plus grand statuaire. C'est à lui que l'on attribue l'invention de la régle, du niveau, du tour, & de la clef.

(*nn*) PHIDIAS, célebre sculpteur d'Athènes, vers 448 ans avant J. C. fut le prémier parmi les Grecs qui imita la belle nature.

(*oo*) MICHEL ANGE dont le vrai nom étoit AMERIGI, naquit dans le château de Caravage dans le Milanois en 1569. C'étoit un des plus grands artistes d'Italie; mais son imagination souvent déréglée, fut cause du goût bizarre qui regne dans ses ouvrages. Il mourut en 1609 âgé de 40 ans.

(*pp*) AMESTRIS CYRUS LE JEUNE, fils aîné de DARIUS NOTHUS, roi de Perse, perdit la vie par sa trop grande ambition 401 ans avant J. C.

(1) HÉRODOTE, le père de l'histoire profane, naquit à Halicarnasse, dans la Carie, 484 ans avant J. C. Son style est plein de grâces & de noblesse; mais il rapporte des faits qu'il ne donne à la vérité que comme des ouï-dire, & les philosophes le regardent autant comme le père du mensonge que celui de l'histoire.

(2) THUCIDIDE, célebre historien grec, vint au monde 475 ans avant J. C. & mourut à Athènes, 391 ans avant J. C. Il employa le dialecte attique comme le plus élégant, & en même temps le plus énergique, & il réussit si bien dans l'exposition des faits, qu'il doit l'emporter sur HÉRODOTE, qui souvent adoptoit les mémoires qu'on lui donnoit, sans les examiner.

(3) XÉNOPHON, né à Athènes, mourut à Corinthe l'an 360 avant J. C. Il étoit à la fois grand capitaine & grand historien. Ses ouvrages sont très-propres à former des hommes d'état.

(4) SALLUSTE, historien latin, étoit natif d'Amiterne, nommée aujourdhui Santo-Vittorino. Il mourut 35 ans avant J. C. Son histoire de la conjuration de Catilina, & celle des guerres de Jugurtha, roi de Numidie, sont deux chef-d'œuvres.

(5) TITE-LIVE, de Padoue, & selon d'autres d'Apone, mourut à Padoue, l'an 21 de J. C. Il est peu d'historiens qui aient cherché à rapporter au-

tant de prodiges que lui. Tantot une mule à engendré, tantôt un bœuf à parlé; d'un autre part ce font des pluies de fang, de chair, de lait &c. mais Tite-Live interprêtoit les opinions du peuple, & il ne rapportoit toutes ces chimères, dont il fe moquoit lui-même le premier, qu'à caufe de l'impreffion qu'elles faifoient fur les efprits.

(6) Pierre Damien, né à Ravenne, fut prieur, puis abbé du monaftère de Sainte-Croix d'Avellane. Son mérite l'éleva à la dignité de cardinal & Evêque d'Oftie, fous le pape Etienne IX, & on l'employa dans les affaires de l'églife romaine. Ce faint père, après avoir confacré tous fes foins à maintenir & faire revivre la difcipline dans le clergé & dans les monaftères, mourut à Faenza le 23 févr. 1073, âgé de *66* ans.

(7) Le père Pierre-Joseph d'Orléans, Jefuite, naquit à Bourges en 1641. Il fut d'abord deftiné à la chaire, s'étant enfuite confacré à l'hiftoire, il y travailla jufqu'à fa mort, arrivée à Paris le 31 mars 1698.

(8) Nicolas-Joseph de la Verdure, né à Aire, joignoit à une fcience profonde un défintéreffement encore plus rare. L'illuftre Fénélon lui portoit une amitié particulière. Il mourut à Douay en 1717, âgé de 83 ans, étant docteur de l'univerfité de cette ville.

(9) Jean Mariana, né à Talavera, dans le diocèfe de Tolede, entra chez les Jefuites en 1554, âgé de 17 ans. La meilleure édition du texte efpagnol,

touchant son histoire d'Espagne, qu'il traduisit de latin en espagnol, est celle de 1678 à Madrid en 2 vol. in-fol.; elle est conforme à celle de 1608, à laquelle cet historien avoit présidé. Il mourut à Tolede en 1624, âgé de 87 ans.

(10) HUGUES GROTIUS, né à Delft en 1582, annonçoit dès le bas âge ce génie qui immortalise les grands hommes. Cet historien digne de la sagacité & de la noblesse des anciens, étoit à la fois excellent jurisconsulte; ses écrits sur le droit public, sont une source où tous les jurisconsultes ont puisé. De retour en sa patrie en 1645, il mourut à Rosthoc, à l'âge de 63 ans.

(11) CAJUS-JULES CESAR, né à Rome 98 ans avant J. C., étoit doué d'un esprit brillant & solide. Ses commentaires sur les guerres des Gaules & sur les guerres civiles, sont les seuls ouvrages qui nous restent de lui, & ils peuvent être regardés comme une histoire complete. Ce héros fut assassiné par BRUTUS & CASSIUS, 43 ans avant J. C., âgé de 56 ans. C'est à lui qu'on dut la réformation du calendrier romain, pour régler l'année sur le mouvement annuel du soleil.

(12) PHILIPPE DE COMMINES, né en Flandres, fut fait chambellan & sénéchal de Poitiers par LOUIS XI. Cet historien, qui joignoit à un langage doux & agréable une naïve simplicité, mourut dans son château d'Argenton en Poitou en 1509, âgé de 64 ans. Ses mémoires sur l'histoire de CHARLES VIII & de LOUIS XI, depuis 1464 jusqu'en 1498,

ſont un morceau des plus intéreſſants de l'hiſtoire de France.

(13) François, duc de la Rochefoucauld, prince de Marſillac, premier duc de ce nom, naquit en 1613, & mourut à Paris en 1689, âgé de 68 ans. Ce ſeigneur mêloit les lauriers de Mars à ceux d'Apollon; ſa maiſon étoit le rendez-vous de ce que Paris & la cour offroient de plus ingénieux. Les Racine, les Boileau, les Sevigné, les Lafayette &c. trouvoient dans ſes entretiens ce qu'ils cherchoient en vain ailleurs. Les lettres de Madame de Sevigné nous prouvent le mérite de ce ſeigneur.

(14) Jean-François-Paul de Gondi, cardinal de Retz, naquit à Montmirel en Brie en 1614, & mourut en 1679. La lecture de ſes mémoires n'eſt pas moins agréable qu'intéreſſante.

(15) Jean Trithème, né dans un village de ce nom, près de Trèves, fut abbé dans l'ordre de S. Benoit, & mourut en 1518. Nous avons de lui un très-grand nombre de productions hiſtoriques, morales & philoſophiques.

(16) François Thimoléon de Choisi, prieur de S. Lo de Rouen, & grand-doyen de la cathédrale de Bayeux, l'un des 40 de l'académie françoiſe, naquit à Paris en 1644, & y mourut en 1724, à l'âge de 81 ans. Ses ouvrages ſont d'un ſtyle aiſé, plein de ſaillies; mais ils s'écartent quelquefois de la vérité.

(17) DENYS DE SALLO, ſeigneur de la Coudraye, né à Paris en 1626, conçut le premier projet du journal des ſavants. Les premières feuilles de cet ouvrage périodique parurent ſous le nom du ſieur de HÉDOUVILLE, l'un de ſes domeſtiques; mais bientôt la haine de quelques ſavants contre ce cenſeur impartial de leurs inepties, interrompit le travail de ce journaliſte. Au treizième mois, l'abbé GALLOIS, LAROQUE, & le préſident COUSIN, ſuccédèrent au père de tous ces journaux, qui mourut à Paris en 1669, à l'âge de 43 ans. Aujourd'hui le ſoin du journal eſt confié à des perſonnes de mérite, nommées par le chancelier.

(18) LOUIS-AUGUSTE DE BOURBON, duc du Maine, prince ſouverain de Dombes, colonel général des ſuiſſes, né le 31 mars 1670, légit. le 19 dec. 1673, mort le 14 mai 1736.

(19) Le père TOURNEMINE, jeſuite, natif de Rennes, fut bibliothécaire de la maiſon profeſſe à Paris. Il y mourut en 1739, à l'âge de 78 ans. Toutes les ſciences étoient du reſſort de ce profond génie.

(20) PINDARE, naquit à Thebes, dans la Béotie, vers 500 ans avant J. C. On préſume qu'il mourut au théâtre vers l'an 436 avant J. C. Ses odes ſont les ſeules richeſſes que nous ait laiſſées ce grand poëte.

(21) HORACE, naquit à Venuſe, dans la Pouille, 63 ans avant J. C., & il mourut 7 ans avant J. C. à l'âge de 57 ans.

(22) FRANÇOIS DE MALHERBE, né à Caën vers l'an 1556, mourut en 1628. La langue françoiſe doit à ce poëte ſublime le pouvoir qu'elle a de s'élever à la majeſté de l'ode.

(23) JEAN-BAPTISTE ROUSSEAU, naquit à Paris, en 1649. Les diſgraces & les malheurs accablèrent ce grand homme la moitié de ſa vie. Il mourut à Bruxelles, le 17 mars 1741.

(24) ANTOINE DE LA MOTTE HOUDART, né à Paris en 1674, y mourut en 1731, âgé d'environ 60 ans. V. l'Apologie de ces ouvr. dans l'éloge hiſt. qu'on trouve à la ſuite des mémoires pour ſervir à l'hiſt. de M. DE FONTENELLE par M. l'abbé TRUBLET.

(25) Le poëte THESPIS vivoit 443 ans avant J. C. Ses poéſies ne nous ſont point parvenues.

(26) ESCYLE, célebre poëte dramatique, naquit à Athènes, il mourut vers l'an 477 avant J. C.

(27) SOPHOCLE, poëte grec, ſurnommé l'Abeille & la Syrène attique, vint au monde à Athènes 495 ans avant J. C. Il mourut 406 ans avant J. C. à l'âge de 85 ans.

(28) EURIPIDE, poëte tragique grec, naquit à Salamine, 486 ans avant J. C. Ses tragédies firent l'admiration de la Grece & des pays étrangers. Les chronologiſtes prétendent qu'il eſt mort l'an 407 avant J. C.

(29) SENEQUE, le philoſophe, naquit à Cordouë (anc. & forte ville d'Eſp. dans l'Andalouſie) vers l'an 13 de J. C. & mourut l'an 65 de J. C. Ce grand homme ne ſe contenta pas de plaire, il

voulut éblouir, & il y réussit. Ceux qui ont le goût formé, & qui savent distinguer le vrai d'avec le faux, liront avec fruit ses ouvrages, dignes d'admiration.

(30) LUCIEN, né à Samosate, mourut, suivant nos auteurs contemporains, dans un âge très-avancé. Athènes fut le théatre où brilla son éloquence. Le style de ce philosophe est vif, naturel, & plein d'agrément.

(31) PIERRE CORNEILLE, né à Rouen, en 1606, mourut doyen de l'académie françoise, en 1684. Ce père du théatre joignoit à ses grands talents, les qualités de l'honnête homme & du citoyen.

(32) ARMAND DUPLESSIS RICHELIEU, né à Paris, en 1585, depuis cardinal & ministre sous LOUIS XIII, reçut de la nature les dons les plus heureux; le caractère de son génie & de sa politique l'avoit élevé au point d'être regardé comme l'ame de l'Europe. Ce Ximenés de la France, qu'on peut regarder comme le père de la tragédie & de la comédie françoise, tant par la passion qu'il avoit pour ce genre de poésie, que par les bienfaits dont il combloit les poëtes qui s'y distinguoient, mourut à Paris, le 4 déc. 1642, à l'âge de 58 ans. L'église de Sorbonne, rebâtie par ses soins, avec une magnificence royale, lui a fait élever un mausolée (chef-d'œuvre du célebre GIRARDON.)

(33) JEAN RACINE, né à la Ferté Milon, en 1639, mourut en 1699, âgé de 60 ans. Ce célebre poëte

eut l'art d'enchanter les cœurs & les esprits, & il fit l'admiration du théatre françois.

(34) GUILLAUME SHAKESPÉAR, célebre poëte anglois, naquit à Stratford, dans le comté de Warwik, en 1564, & il mourut en 1616, âgé de 52 ans. On a élevé, dans l'abbaye de Westminster, un superbe monument, à la mémoire de ce créateur du théatre anglois.

(35) MENANDRE, né à Athènes, 342 ans avant J. C. mourut 293 ans avant J. C., âgé de 52 ans, honoré du titre de prince de la nouvelle comédie.

(36) PLAUTE, naquit à Sarsine, ville d'Ombrie. Ce poëte fut généralement estimé de son temps, par rapport à la pureté & à l'élégance de son élocution.

(37) TÉRENCE, né à Carthage, est l'auteur latin qui a le plus approché de ce qu'il y a de délicat & de fin chez les Grecs. Il sortit de Rome n'ayant pas encore trente-cinq ans, & on ne le vit plus depuis.

(38) JEAN-BAPTISTE POCQUELIN DE MOLIERE, naquit à Paris, en 1620. Il étoit à la fois auteur & acteur, & également applaudi sous ces deux titres. Il mourut le 17 févr. 1673, âgé de 53 ans, & il fut enterré à S. Joseph, dans la paroisse de S. Eustache. Ses ouvrages doivent être regardés comme le tableau le plus fidele de la vie humaine.

(39) HOMERE, le père de la poésie grecque, florissoit environ 1000 ans avant J. C. & 300 après la prise de Troye. On ne connoit pas le lieu de la

naiſſance de ce patriarche de la littérature; on ſait ſeulement qu'il étoit né auprès du fleuve Mélés. Il mourut à Jo, l'une des Sporades, vers l'an 920 avant J. C.

(40) VIRGILE, le prince des poëtes latins, naquit à Andes, village près de Mantoue l'an 70 avant J. C. Il ne vecut que 52 ans, & mourut à Brindes, ſans pouvoir mettre la dernière main à ſon Enéide, qu'il avoit été onze ans à compoſer. Son corps fut porté près de Naples.

(41) TORQUATE LE TASSE, né à Sorrente, ville du royaume de Naples, en 1554, auteur du poëme de la Jéruſalem délivrée, tient aujourd'hui le premier rang ſur tous les poëtes italiens. Il mourut à Rome, le 15 avril 1595, âgé de 51 ans.

(42) FRANÇOIS DE SALIGNAC DE LA MOTTE FÉNÉLON, naquit au Château-Fénélon en Querci, le 6 août 1651. Il fut depuis archevêque de Cambray. Ce prélat, nourri de la littérature ancienne & moderne, & qui s'eſt immortaliſé dans ſes écrits philoſophiques, théologiques, & les belles lettres, fut enlevé à la patrie en 1715, à l'âge de 63 ans.

(43) ESOPE, naquit à Cotiœum, bourg de Phrigie. Il fut le plus ancien auteur des apologues. Ce fabuliſte, ſous le maſque de l'allégorie, cachoit une ingénieuſe morale, & des leçons très-importantes. Il périt malheureuſement à Delphes, où il fut précipité en bas d'un rocher.

(44) PHEDRE, natif de Thrace. Nous n'avons rien dans l'antiquité de plus accompli que ses fables, pour le genre simple & le choix de ses expressions.

(45) JEAN DE LA FONTAINE, naquit à Château-Thierry, le 8 juillet 1621. Ses contes & ses fables occupent le premier rang parmi ses ouvrages immortels. Il a attrapé le point de perfection dans ce genre; & on peut dire que ce grand maître a surpassé l'ingénieux inventeur de l'apologue, & son admirable copiste. Il mourut à Paris, en 1695, âgé de 74 ans.

(46) ARCHILOQUE, poëte grec, naquit à Paros, vers l'an 664 avant J. C. Ce satyrique de l'antiquité fut le premier qui se servit des vers ïambes. Le fer vengea le poignard que ses ïambes enfonçoient dans le cœur; il fut assassiné.

(47) NICOLAS BOILEAU SIEUR DESPRÉAUX, naquit à Crône, en 1636. Il fut membre de l'académie françoise, de celle des inscriptions & belles lettres, & historiographe de France. Il mourut en 1711, à l'âge de 75 ans. Son art poétique en 4 chants, qui suivit de près ses premieres satyres, est le code de tous les versificateurs & des gens de goût.

(48) JUVENAL, poëte latin, étoit d'Aquin en Italie. La meilleure traduction que nous ayons de ce censeur impitoyable, est celle du père TARTERON, jesuite, qui a eu soin de retrancher les obscénites grossières de ses satyres.

(49) MATHURIN REGNIER, poëte françois, naquit à Chartres, le 21 déc. 1573, & mourut à Rouen, le 22 oct. 1613. Son goût pour la ſatyre ſe developpa dès ſa tendre jeuneſſe, & on ne put jamais lui faire abandonner ce malheureux talent. Ce qui peut mériter le plus d'attention dans le recueil des œuvres de cet auteur, ſont ſes ſatyres, édition de Londres en 1729, in-4. Celle de Rouen, in-8, 1729, avec des remarques curieuſes.

(50) THÉOCRITE, de Syracuſe ou de l'île de Cô, floriſſoit vers l'an 285 avant J. C. Ce poëte s'eſt fait une grande réputation par le naturel & la belle ſimplicité qui regnent dans ſes ouvrages.

(51) BERNARD LE BOVIER DE FONTENELLE, naquit à Rouen, en 1657, & mourut le 9 janv. 1757. Il y a peu de ſavants qui aient eu plus de gloire, & qui en aient joui plus long-temps que ce philoſophe. En 1699, il fut nommé ſecrétaire de l'académie des ſciences, & il donna chaque année un volume de l'hiſtoire de cette compagnie; ouvrages dont la préface générale ſuffit pour immortaliſer un auteur.

(52) ANTOINETTE DESHOULLIERES, naquit à Paris, en 1638, & mourut en 1694. Elle fut aſſociée à l'académie d'Arles & à celle des Ricovrati. C'eſt la ſeule de toutes les dames qui ont cultivé les muſes, dont on ait retenu le plus de vers.

(53) DEMOSTHENES, né à Athènes, mourut l'an 322 avant J. C. Ce ſublime orateur s'eſt acquis une gloire

gloire immortelle, & la postérité a mis ses chef-d'œuvres d'éloquence au-dessus de tout ce que nous a laissé l'ancienne Grece.

(54) CICÉRON, naq. à Arpino en Toscane, 116 ans av. J.C., & périt par le fer à l'âge de 63 ans, l'an 43 avant J.C. L'amour & le zele patriotique qu'avoit cet illustre romain, contribuent autant à l'immortaliser que ses excellents ouvrages.

(55) LOUIS BOURDALOUE, jésuite, naquit à Bourges, en 1632, & mourut en 1704. Les chaires de Paris, de la cour, & de la province retentirent des sermons de ce grand orateur. La profondeur de ses raisonnements éloquents jointe à la clarté de son style, ses idées & ses preuves nouvelles, toutes plus lumineuses les unes que les autres, prouvent le génie sublime de cet illustre orateur.

(56) JEAN-BAPTISTE MASSILLON, père de l'oratoire & depuis évêque de Clermont, naquit en 1663, & mourut en 1742, âgé de 79 ans. Le caractère de ce parfait orateur fut à la fois de penser, de peindre, & de sentir; & sa belle éloquence (dans un genre différent) a souvent été mise en parallelle avec celle de BOURDALOUE, quoique plusieurs personnes, & surtout celles qui ont plus d'esprit que de sentiment, préfèrent l'éloquence du dernier.

(57) JACQUES-BENIGNE BOSSUET, né à Dijon, en 1627, mourut évêque de Meaux, en 1704, âgé de 77 ans. Ce grand homme & ce père de l'église,

auquel le roi avoit confié l'éducation de Mgr. le Dauphin, joignoit à une rare érudition, une plus rare éloquence.

(58) OLIVIER PATRU, naquit à Paris, en 1604, & y mourut en 1681, âgé de 77 ans. Sa réputation le fit recevoir à l'académie françoiſe; & le remerciment qu'il fit à ſa reception plut tellement aux académiciens, qu'ils ordonnèrent qu'à l'avenir tous les nouveaux reçus feroient un diſcours.

(59) ANTOINE LE MAISTRE, avocat au parlement de Paris, & depuis conſeiller d'état, naquit dans cette capitale en 1608, & mourut à Port-royal en 1658, âgé de 51 ans. Cet illuſtre ſolitaire, après avoir long-temps plaidé la cauſe des autres, ſe borna à plaider la ſienne dans le ſilence du déſert qu'il habitoit.

(60) OVIDE, chevalier romain, né à Sulmone, ville de l'Abruzze, 43 ans avant J. C., mourut l'an 17 de J. C., âgé de 57 ans. Ce poëte, doué d'une imagination vive & riche, négligea la belle nature pour courir après le faux brillant. Ce défaut plut aux Romains; mais avec de grandes qualités il gâta leur goût.

(61) ZEUXIS, peintre grec, natif (ſuivant l'opinion de quelques ſavants) d'Héraclée, proche Crotone, en Italie, vivoit vers l'an du monde 3554. Il porta au plus haut degré l'intelligence & la pratique du coloris & du clair-obſcur. Malgré les talents ſupérieurs, & la magie de l'art que poſſédoit ce vrai peintre de la nature, il eut pour rival PARRHA-

SIUS qui l'appella un jour en défi ; il l'accepte, & produit ſon tableau aux raiſins qui d'abord trompoit les oiſeaux mêmes : mais ce dangereux compétiteur ayant montré ſon ouvrage, ZEUXIS impatient s'écrie : tire donc ce rideau ; alors ce même rideau qui faiſoit le ſujet du tableau de ſon émule, annonça bientôt la défaite de celui qui n'avoit eu que l'art de tromper des oiſeaux.

(62) PARRHASIUS, peintre & contemporain de ZEUXIS, étoit natif d'Ephèſe. Ce fameux artiſte dont le pinceau embelliſſoit la nature ſans l'altérer, s'acquit une réputation particulière dans la partie qu'on appelle le deſſein. L'invention & le génie dominoient dans ſes ouvrages, & l'élégance répondoit à la correction de ſes figures.

(63) APELLES, peintre célebre, étoit de l'île de Cô ; ſon tableau de la calomnie, qui eſt le chef-d'œuvre de l'antiquité, ſon portrait de Vénus ſortant de la mer, celui d'un cheval ſi bien imité, que les chevaux hennirent en le voyant, & quantité d'autres auſſi admirables, prouvent les coups de génie, & les grâces du pinceau de ce grand artiſte. On prétend qu'il expoſoit ſes ouvrages en public, afin d'en mieux connoître les défauts. Un cordonnier ayant un jour critiqué les ſouliers de quelqu'une de ſes figures, il en corrigea le défaut ſur le champ ; mais l'ouvrier ayant voulu cenſurer juſqu'à la jambe, il lui répondit, *ne ſutor ultra crepidam.*

(64) PRAXITELE, ſculpteur grec, vers l'an 364 avant J. C., travailloit le marbre, au point qu'il ſem-

bloit l'animer par son art. Au nombre des fameuses antiques de ce célebre artiste, se trouve cette superbe statue de l'Amour, qu'on dit avoir été en possession d'Isabelle d'Este, grand-mère des ducs de Mantoue.

(65) ANTOINE ALLEGRI, dit *le Corrège*, naquit à Corregie dans le Modenois, en 1594, & il y mourut en 1634. Cet habile peintre, tout à la fois architecte, fut celui qui a le mieux entendu l'art des racourcis, & la magie des plafonds.

(66) SANZIO RAPHAËL, né à Urbin, l'an 1483, mourut en 1520, âgé de 37 ans. C'est de tous les peintres celui, qui a réuni le plus de parties, & qui a davantage approché de la perfection. La pureté du trait, & la correction du dessein caractérisent les ouvrages de ce grand artiste.

(67) LEON X, surnommé *le père des lettres*, étoit fils de Laurent de Médicis; il naquit en 1477, & mourut le premier déc. 1521, âgé de 44 ans. Cet illustre pontife fit faire la recherche de tous les anciens manuscrits qui existoient dans les bibliotheques, & il y porta le plus grand soin; aussi a-t-il exactement recueilli les éditions des meilleurs auteurs de l'antiquité; & son accueil, plus séduisant encore que ses bienfaits, encouragea les grands génies dans tous les arts.

(68) JEAN-LAURENT BERNIN, appellé vulgairement *le Cavalier Bernin*, excella également dans les arts de peinture, de sculpture, & d'architecture. Il naquit à Naples en 1598, & mourut à Rome en

1680. Cette ville compte parmi ses chef-d'œuvres, les ouvrages de ce célebre artiste, tels que l'extase de sainte Therese, le maître-autel, le tabernacle, la chaire de saint Pierre &c.

(69) JEAN WARIN, sculpteur & graveur, naquit à Liége en 1604, & mourut à Paris en 1672. Le sceau de l'académie françoise où ce célebre artiste a représenté si bien le cardinal de Richelieu, est un chef-d'œuvre de l'art. La gravure des poinçons des monnoies, lors de la mutation générale des especes légères d'or & d'argent, l'éleva, sous LOUIS XIII, à la charge de graveur général pour les monnoies. Celles, fabriquées pendant la minorité de LOUIS XIV, sont aussi de cet habile graveur.

(70) ANDRÉ-CHARLES BOULE, né à Paris, en 1641, étoit à la fois archit. peint. sculpt. en mosaïque, artiste ébeniste, inventeur de chiffres, & graveur ordinaire des sceaux royaux. LOUIS XIV lui donna le brevet de toutes ces qualités, & il lui accorda un logement aux galeries du louvre.

(71) SEBASTIEN LECLERC, dessinateur & graveur, naquit à Metz, en 1637, & mourut à Paris, en 1714. Cet habile maître voulut joindre aux productions de son burin celles de la plume, & il y réussit. Il traita avec succès la partïe de la géométrie, de l'architecture &c.

(72) BERNARD PICART, né à Paris, en 1673, mourut à Amsterdam en 1733. L'exactitude & la correction de ses desseins, jointes à la délicatesse &

la propreté de ses estampes, dont il a enrichi le grand ouvrage des cérémonies religieuses du monde entier, font honneur au génie de ce fameux graveur.

(73) ROBERT NANTEUIL, graveur, naquit à Rheims, en 1630, & mourut à Paris en 1678. Ce maître ayant eu l'avantage de faire le portrait de LOUIS XV, le monarque lui donna la place de dessinateur & graveur de son cabinet avec une pension de mille livres.

(74) JACQUES CALLOT, dessinateur & graveur, naquit à Nancy, en 1593, & y mourut en 1635. La vérité, l'esprit, la finesse, &c. caractérisent le burin de ce célebre artiste; ses misères de la guerre, ses siéges, ses tentations de S. Antoine &c. seront dans tous les temps admirées & recherchées.

(75) VESPASIEN, empereur romain, naquit dans une petite maison de campagne près de Rieti (ancienne ville d'Italie), l'an 9 de J. C., & mourut âgé de 70 ans, l'an 79 de J. C. Ce prince étoit le protecteur des arts & des sciences, & il les faisoit fleurir par ses libéralités envers ceux qui s'y distinguoient.

(76) PIERRE LESCOT, abbé de Cluny, célebre architecte françois, florissoit sous les regnes de FRANÇOIS I & de HENRI II.

(77) JEAN GOUJON, sculpteur & architecte, natif de Paris, remit en vigueur les beautés simples & sublimes de l'antiquité. Une espece de tribune, soutenue par des caryatides gigantesques (terme

d'architecture, figure de femme, qui sert de colonne ou de pilastre) qui est au louvre dans la salle des cent suisses, est un ouvrage non moins curieux à voir, que toutes les figures de demi relief, dans lesquelles ce célebre artiste n'a pu être surpassé.

(78) Philibert de Lorme, natif de Lyon, mort en 1577, étoit gouverneur du jardin des tuilleries, aumônier & conseiller du roi, abbé de S. Eloy, & de S. Serge d'Angers. C'est au goût de ce grand architecte que nous devons le fer à cheval de Fontainebleau, ainsi que d'autres magnifiques bâtiments, tels que le château de Meudon, celui d'Anet, le palais des tuilleries &c.

(79) Louis de Foix, architecte parisien, florissoit sur la fin du XVI siecle. C'est sous les ordres de ce savant artiste, qu'on bâtit en 1585, le fanal à l'embouchure de la Garonne, qu'on appelle communément la tour de Cordouan.

(80) Jacques de Brosse, architecte de la reine Marie de Médicis, florissoit au commencement du XVI siecle.

(81) François Blondel, professeur royal de mathématiques & d'architecture, membre de l'académie des sciences, directeur de celle d'architecture, maréchal de camp & conseiller d'état, mourut à Paris en 1686, âgé de 68 ans.

*NB.* La porte Saint Antoine, élevée sur les desseins de ce célebre architecte, a été démolie depuis quelques années.

(82) LOUIS LEVAU, architecte françois, parvint à la place de premier architecte du roi, & mourut à Paris en 1670. C'est d'après les desseins de ce grand génie, qu'on éleva une partie des tuilleries & de deux grands corps de bâtiments, qui sont du côté du parc de Vincennes. Il donna aussi les plans des hôtels de Colbert, de Lionne &c. ainsi que les desseins de l'église du collége des quatre nations, exécutés par François Dorbay, digne éleve de ce célebre artiste.

(83) GUY ARETIN, Bénédictin, natif d'Arezzo, inventa vers l'an 1028 la gamme & les six notes, ut, re, mi, fa, sol, la; il les tira des trois premiers vers de l'hymne, *ut queant laxis &c.*

(84) JEAN-BAPTISTE LULLI, musicien françois, naquit à Florence en 1633, & mourut à Paris en 1687, âgé de 54 ans. Ce célebre musicien vint jeune en France, & à peine y fut-il arrivé qu'il se fit rechercher par le goût avec lequel il jouoit du violon. Le caractère de la musique de LULLI est une variété admirable, une mélodie & une harmonie ravissante; & les chants sont si naturels, qu'il est très-aisé de les retenir, pour peu qu'on soit amateur de cet art. Enfin il falloit en France ce célebre artiste pour donner la perfection aux opera, le plus grand effort & le chef-d'œuvre de la musique. RAMEAU, néanmoins, qui a couru la même carrière que LULLI, mérite avec raison le titre de NEWTON de l'harmonie. Celui-ci est en géneral plus savant, plus sublime; l'autre est plus populaire, & plus uniforme.

# SUPPLÉMENT

## *AUX NOTES HISTORIQUES.*

*page* 7. JUSTINIEN I, neveu de JUSTIN l'ancien, naquit dans un petit village de la Dardanie, en 483, & mourut en 566, agé de 84 ans. Cet empereur, après avoir rendu à l'empire grec une partie de son ancien éclat, voulut mettre de l'ordre dans les loix; à cet effet, il fit faire un nouveau code, tiré de ses collections & de celles de ses prédécesseurs, qui renferme le germe de toutes les loix, & les éléments de la jurisprudence.

*page* 9. Abasagnés, sorte de chanvre ou de lin, qu'on tire d'une plante des Indes, qui se seme tous les ans & qui est blanc ou gris. Le blanc sert à faire des toiles très-fines, & le gris est employé aux cordages & aux cables.

*page* 13. Usage du canon. JEAN VILLANI, fameux historien de Florence, auteur d'une histoire universelle, mort en 1348, attribue la défaite des François à la bataille de Creci en 1346, aux canons dont les Anglois se servirent.

*page* 25. La sainte chapelle de Paris est située dans l'ancienne cour du palais; S. LOUIS en est le fondateur, & la fit construire en 1245.

*page* 27. HIPPOCRATE, le plus célebre médecin de l'antiquité, étoit de l'île de Cô. Cet habile homme, qui avoit le talent admirable de discerner les symptomes du mal, la nature de l'air, & le tempérament du malade, prolongea sa vie jusqu'à 109 ans.

*page* 28. L'ambassadeur est JEAN NICOT, né à Nîmes, qui à son retour apporta en France la plante qu'on appelle Nicotiane de son nom, & qui est connue aujourd'hui sous le nom de tabac. Il mourut à Paris en 1600. *Même page.* FRANÇOIS II, roi de France, né à Fontainebleau en 1544, monta sur le trône, âgé de 16 ans, le 10 juil. 1559, & mourut à 17 ans, le 5 décemb. 1560. *Idem.* SEBASTIEN, roi de Portugal, naquit en 1554; il parvint à la couronne en 1556, & il fut tué dans une bataille en 1578.

*page* 29. CATHERINE DE MÉDICIS, née à Florence en 1519, fut mariée en 1533 au Dauphin de France, depuis HENRI II; elle mourut en 1589.

*page* 32. FLAVIO GIOGA, naquit à Pasitano, château dans le voisinage d'Amalfy, vers l'an 1300. On dit que pour apprendre à la postérité qu'un sujet des rois de Naples, alors cadets de la maison de France, avoit inventé cet instrument, il marqua le Nord avec une fleur de lys, & que toutes les nations qui voyagèrent à l'aide de cette invention, suivirent son exemple. *Même page.* BARTHELEMI DIAZ vivoit sous JEAN II, treizième roi de Portugal.

*page* 41. AUGUSTE, surnommé *le père de la patrie*, naquit à Rome, l'an du monde 3941, 63 ans avant J. C. : son siecle est un de ceux qui ont fait le plus d'honneur à l'esprit humain. Cet âge illustre vit naître & fleurir les HORACE, VIRGILE, & OVIDE. Il mourut à Nole (ancienne ville d'Italie) âgé de 75 ans, l'an 14.

*page* 65. PROSPER JOLIOT DE CREBILLON, naquit à Dijon, le 15 févr. 1674, & mourut le 17 juin 1762, âgé de 88 ans. Parmi les chef-d'œuvres de ce poëte dramatique, on admire surtout sa tragédie de Rhadamiste, qui est une des plus belles pieces du théatre françois, & une de celles qu'on redonne le plus souvent. *Même page.* MARIE FRANÇOIS AROUET DE VOLTAIRE, naquit à Paris le 20 fév. 1694, & mourut le 30 mai 1778. Les cendres de ce grand génie, reposent à l'abbaye de Sellières, diocèse de Troyes en Champagne. Le plus beau monument de l'Homere françois est celui qu'il s'est érigé lui-même par ses ouvrages. *V.* la lettre du roi de Prusse à M. Dalembert.

*page* 67. ARISTOPHANE, citoyen d'Athènes, vivoit dans la 85 Olymp., 437 ans avant notre ère, & de la fondation de Rome 317.

*page* 82. LOUIS XIII, surnommé *le Juste*, naquit à Fontainebleau en 1601, monta sur le trône en 1610, & mourut le 14 mai 1643.

*page* 83. CALLIMAQUE, architecte de Corinthe, vivoit 540 ans avant J. C. Il réussissoit aussi bien dans la peinture que dans la sculpture.

*page* 88. JEAN DE MEURS OU DE MURIS étoit docteur & chanoine de Paris; voila pourquoi il passe pour Parisien: c'étoit vers 1330.

*Idem.* Timbales & trompettes. NB. Suivant les notes de Ducange sur l'histoire de S. Louis IX, par Joinville, les Italiens attribuent l'invention des timbales aux Sarrasins d'Afrique. *V.* Roderic, Arch. de Tolède, en l'histoire des Arabes, ch. 37. *Id.* l'Empereur Léon, en ses tactiques, ch. 18, §. 114 & 142. Lactantius rapporte dans Pitiscus, Lexic. antiq. rom., tom. III, p. 654, que Méléus, empereur des Tyriens, a été l'inventeur de la trompette: Servius accorde cette invention aux Toscans; & Pline, liv. 7, ch. 56, la donne à Enée. Non nostrum inter eos tantas componere lites.

Néanmoins, l'antiquité des Egyptiens, auxquels on fait remonter l'origine de la plupart des arts & des sciences, semble nous autoriser à croire que ce même Osiris, qu'on regarde aujourd'hui comme un personage fabuleux, auroit plutôt été l'inventeur de ces sortes d'instruments.

*Fin des notes historiques.*

---

A STRASBOURG, de l'Imprimerie de LEVRAULT.

www.ingramcontent.com/pod-product-compliance
Ingram Content Group UK Ltd.
Pitfield, Milton Keynes, MK11 3LW, UK
UKHW021037230726
13926UKWH00004B/1524

9 782014 448894